FSC
www.fsc.org
MIX
Papier aus ver-
antwortungsvollen
Quellen
Paper from
responsible sources
FSC® C105338

Herstellung und Verlag:
BoD - Books on Demand, Norderstedt
ISBN 978-3-7519-8280-1

Schwabentorring 12
1971-1978

Eine Wohngemeinschaft erinnert sich

Interviews:
Anna-Katharina Hölscher

Edition Annassalong

1974 zog ich in die Schwabentor WG, sozusagen
im Schlepptau meiner Freundin T. , die in einem
Eingangsgespräch noch nach ihrer politischen
Einstellung, Wünschen usw befragt worden war.
Das fand bei mir nicht mehr statt. Aber es gab
kein Zimmer und S. bot sich an, ein Zimmer mit
mir zu teilen, das große mittlere Zimmer, später
der Gemeinschaftsraum mit einem Fernseher
mittendrin. Da mir Doppelzimmer mit
Freundinnen vertraut waren, sagte ich zu. Es
stellte sich heraus, dass einige Frauen dort, wie
ich, schon berufstätig waren. Die anderen,
hauptsächlich Germanist*innen, schrieben an
ihren Promotionen oder waren noch mit ihrem
Studium beschäftigt. Für mich eine neue und
interessante
Welt. Meine Tätigkeit als Lehrerin in Wyhlen an
der Schweizer Grenze fand ich zwar auch
aufregend, das Kollegium und das Umfeld aber
konservativ und langweilig.
So ergab es sich für mich, dass die WG eine
angenehme und anregende Flucht aus dem Alltag
darstellte.
Obwohl ich politisch interessiert und im linken
Spektrum unterwegs war, wollte ich mich nicht
festlegen lassen. So kam es auch manchmal zu
Konflikten. Im Allgemeinen fühlte ich mich aber
freundlich behandelt. Als Jüngste einer

4

kinderreichen Familie kannte ich diese Struktur und fühlte mich dementsprechend wohl. Wenn es mir zu bunt wurde, die Diskussionen und die geleerten Weinflaschen überhand nahmen, konnte ich mich immer noch auf die Schule zurückziehen. Sie brachte mir eine gewisse Stabilität und natürlich den finanziellen Hintergrund.

Ach, ich bin übrigens die Antje, war... die Antje aus dem Schwabentor.

Den Namen Antje hatte ich mir in der Pubertät zugelegt, weil ich mir unter Anna immer nur eine alte dicke Bäuerin vorstellen konnte.

Ich möchte euch mit gesammelten Kommentaren von Freund*innen bzw Mitbewohner*innen des „Schwabentors"auf den Geschmack bringen und danach einige Interviews, die ich im Jahre 2000 gemacht habe, vorstellen.

„Das Entscheidende ist, dass das eine WG war nach Zerfall der politischen Zentralen, nach der Studentenbewegung, nach SDS Ende. "

„Ich glaub, es gab eine hoch ambitionierte Idee zumindest von Zusammenwohnen, dass man zusammen arbeitet, auf eine hoch ambitionierte Weise lebt, viel diskutiert,... Ich weiß nicht, da gab's wahrscheinlich ganz verschiedene Erwartungen."

„ .. ich hatte in den Jahren davor viele Wohngemeinschaften kennengelernt, insofern kannte ich die Verhaltensformen, irgendwie war das Schwabentor doch ein bisschen anders. Es war wie ein Hafen. Man konnte nicht sagen, dass man einen engen Kontakt oder etwas besonderes mit den Leuten haben konnte,
aber es gab immer wieder Leute, mit denen man so einen Kontakt hatte, es gab so einen Zusammenhang. Ich erinnere mich an die einzelnen Leute, die da waren....
... den sah man aber nur wie einen Luftzug. Der kam rein und raus. Dann gab's die G., die sah man nie. Irgendwann kam sie mal und man sah ihr Mona Lisa Lächeln, dann auch nichts mehr, sie war dann weg. Stattdessen die S.. Die S. war da. Die S. war eine Persönlichkeit. Die konnte man nicht übersehen. Die hatte was Besonderes, menschlich und auch intellektuell. Ich erinnere, dass sie das prägte,   das Schwabentor.
 Es gab immer wieder Geschichten. Zuerst gab's die Leute, die da wohnten, die hatten alle ihre

Beziehungen, und die tauchte dann entsprechend auf. Das heißt, man hatte nicht nur mit den Leuten, die da drin wohnten, man hatte auch mit dem ganzen Rundherum zu tun. Und da die ganze Situation auch konfliktuell war, gabs Komplikationen, bühnenreif, Szenen, Leute, die sich in eine Truhe versteckten, von einer halben Stunde bis der, der hereingekommen ist, wieder raus.

...

Von dem jeweiligen Besuch, wenn dann unerwartet der Rechthabende kam, dann gab's........wie im Film, wenn einer sich im Schrank versteckt, in einer Truhe, solche Szenen gab's . Insofern gab's Bewegung. Man wusste nicht genau, wer wohnt da, wer wohnt nicht, wer ist gerade weg, wer ist gerade eingezogen usw. Es gab auch eine Art Urkommunismus, der praktiziert wurde, ich erinnere mich, nicht nur in der Küche, mit dem Einkaufen usw,, auch die Autos, man fuhr immer mit einem anderen Auto irgendwohin. Es gab immer wieder Leute, die da kamen wegen irgendwelcher Sachen, die besprochen wurden, die man plante, usw. Wahrscheinlich hatte es für eine gewisse Szene eine soziale Funktion. So wie eine Mischung zwischen Wohngemeinschaft und Zentrum, Kneipe oder so.

...

Es waren komische Zeiten. Die Frauen haben angefangen, nach ihrer eigenen Logik zu funktionieren. Du hattest kein normales Verhältnis mehr, das war nicht mehr möglich. Es war nicht mehr möglich, normal zu sprechen. Es wurde gefiltert durch diese ideologische Auseinandersetzung. Übrigens für mich auch insofern unverständlich deswegen war, weil ich eine Generation erlebt hatte, die das alles hinter sich hatten. Verstehst du, das war ein Rückfall in die Steinzeit. "

„Da saßen wir wie immer in der Küche, und ich wollte eine Weinflasche öffnen und hab es nicht hingekriegt. Da habe ich sie K. gereicht. Und S. hat mich in Grund und Boden gestaucht, wie unselbständig ich doch sei, dass ich keine Weinflasche aufmachen kann und ich da einen Mann zu brauchte. Erstmal war ich sehr verletzt, dann hab ich auch gedacht: die haben sie doch nicht mehr alle!!!!

„Das gab's ja auch, dass man raus fuhr auf den Schönberg. Da war man auf einer großen Wiese, hatte Abendessen dabei, und es wurde halt probiert, die Dinge einfach mal durchzusprechen. Die Betroffenen sollten

erzählen, man wollte probieren, dass man einen Weg findet aber ich glaube, es war ziemlich illusorisch, weil, was sollten die anderen an der Stelle......
Es war zumindest der Versuch gemacht worden, irgendwelche Sachen auszudiskutieren."

...Basisgruppe, rote Zelle gab's nicht mehr. Ich weiß nur, dass ich Zwischenprüfung in Geschichte gemacht hab und da das Thema Anarchismus hatte, da war für mich alles klassisch Linke gestorben. Die Diskussionen fanden dann weniger im Schwabentor statt als dann bei M., weil die trotzkistisch orientiert waren. Da kamen die Leute dahin und wir haben die verschiedenen Richtungen diskutiert. Also wir haben die Basisgruppe Germanistik gegründet und gleichzeitig lief die KPDMl.
 Dann liefen ja die Wyhl - Geschichten, wo das Schwabentor angeschlossen war an die berühmte Telefonkette, die quer durch Freiburg und Umgebung lief, von Wohngemeinschaft zu Wohngemeinschaft. Da haben sich auch größere Gruppen im Schwabentor getroffen."

„...während die Schwabentor-Leute, die liefen auf so einer ideologisch-germanistischen Ebene und geilten sich an Walter Benjamin auf, was wir für unser Gefühl, wie soll man das sagen, hinter uns hatten. Obwohl die auch mit französischer Theorie zu tun hatten."

„Die vielen harten Diskussionen innerhalb der Wohnung selber, da gab's ja wirklich Schlachten, so richtig mit einem wahnsinnigen Gebrüll, dass S. brüllte und R. konnte zu der Zeit richtig loslegen, der hat dann los geschrien, aber ich meine artikuliert, schon immer mit dem politischen Hintergrund, welches "Gesellschaftsbild" hat man, wenn man sagt, da macht jemand was mit Absicht, also wir sind nicht gut, sondern böse, das ist mir in Erinnerung geblieben, da ging die Diskussion sofort los, also R. ist auf so was angesprungen und hat dafür gefochten, dass es ein falsches Gesellschaftsbild wäre."

„Das gab dann richtige Einberufungen, also jetzt, am Sonntagmorgen, beim Frühstück... Da wurden dann unheimlich viele Brötchen an geschleppt, da war dann der ganze Tisch voll, und der war voll bis obenhin, und dann saß man da und hat über dies und jenes geredet, und dann ging es aber wirklich zur Sache, sehr hart. "

„Es gab ja so etwas wie die Männergruppen. Wer war eigentlich dabei? Ich hab gefunden, jeder, der da reingeht, der läßt sich auf etwas ein, das ist endlos."

„Also das Schwabentor war nach außen berüchtigter als man sich fühlen durfte."

„Es war 'ne Zeit lang eine ziemlich zentrale Wohngemeinschaft für eine bestimmte linke Szene in Freiburg, ich kenn ja auch eigentlich keine anderen Szenen. Es war die Wohngemeinschaft, wo es über freie Assoziationen sozusagen hinausging."

„Wir waren die Avantgarde. "

„Ich hab eine wahnsinnige Szene erlebt, das war echt happig. Ich glaube, es ging um das Zürich Eck, Kajo, die besetzten Häuser. Es war irgendwie ein Demonstration und wir liefen wie die Hasen durch die Gegend usw. usw., und S. und ich hatten gesagt, wenn es hart wird, dann hauen wir einfach ab in irgendeine Kneipe. Und es war so in der Straße am Wienerwald, ich weiß nicht, wie die Straße hieß..
Da gab's so eine kleine Weinpinte, die Polizisten

jagten in alle Richtungen und wir schossen da rein. Und als wir reinkamen, ließen die alle Rollläden runter, also das war schrecklich, du hattest jetzt das Gefühl, du sitzt jetzt in einer doppelten Falle. Es saßen nur alte Leute in der Kneipe, viel mehr Männer als Frauen. Die Frauen, die da waren, waren Serviererinnen. Dann haben wir uns hingesetzt und die haben alle über uns geschimpft. Es war vollkommen klar, wir sind schuldig für das, was da draußen Lärm mäßig veranstaltet wurde und die Polizisten haben alle recht. Wir haben gar nichts gesagt, und dann standen die Männer plötzlich auf. Das war 'ne irre Szene, das hatte etwas ganz Rituelles. Die Männer standen auf und bewegten sich in Richtung dieser runter gelassenen Rollos. Wir dachten, das geht einfach in die Hose. Die Serviererinnen haben uns auch nichts angeboten usw. usw. und sie haben wirklich alle Jalousien dichtgemacht. Plötzlich steht S. auf und geht auf einen Mann zu, der einen schlenkernden Arm hatte sozusagen, mit einem abgeschossenen Arm, ging auf ihn zu. Ich hab gedacht, jetzt gibt sie eine gefühlsmäßige Erklärung zu seinem Zustand ab. Und sie hat es gemacht! Ich dachte, es wird einfach scheußlich! Sie hat an seinen Ärmel geschlagen, der lose war und hat gesagt: "Das ist deshalb, ne?" Ich hab gedacht, das gibt's nicht,

entweder gongt er ihr eine oder er schlägt mit
dem leeren Arm zu, ganz furchtbar. Und dann hat
er "ja" gesagt. Das war alles. Die Läden wurden
wieder hoch gemacht, wir kriegten Wein, es war
alles in Ordnung. Ich hab gedacht: "Das lerne
ich!" Das so zu sagen, ohne Beleidigung, Angst,
vielleicht ein bisschen mit Angst, sie hat auch
Angst gehabt, das glaube ich schon. Wirklich, das
ist die ewige Frage vom Gral eigentlich, glaub ich.
"

„ Ja, in dieser Zeit fielen mir immer Frauen so doll
auf, und ich traf so viele Frauen, auch in der
Schule, nachdem ich in der PH von dem
Männersystem so die Nase voll hatte, weil die
sich so fürchterlich verbündet haben, auch zum
Teil gegen mich, ich war immer die Letzte, die
z.B. bei Berufungsverhandlungen überhaupt
etwas sagen durfte, und dann musste ich immer
das Soziale sagen, dann haben sie immer gesagt:
"Sie sagen ja immer bloß was zum Sozialen!" und
da dachte ich "diese Arschgeigen" profitieren von
meiner Weiblichkeit, z.B. wollten sie immer von
mir eingeladen werden, und dann haben sie sich
so betrunken, dass sie mit meinen Plastikbällen,
mit denen wir Boule gespielt haben, das ganze
Zimmer verwüstet haben."

„ Das waren gleich drei bedeutende Frauen, die mir da begegnet sind, das sind heute auch noch, wenn S. noch leben würde, drei meiner wichtigsten Freundinnen. Das ist wirklich was Bedeutendes. Für mich ist das Schwabentor nicht ein politischer Ort, in dem Sinne, politisch im Sinne von Revolution, linke Wohngemeinschaft usw, sondern ein Lebensort. "

„... das war so ein Freiheitsgefühl. Ich erinnere mich an so eine Szene, als wir im Buchladen waren, haben wir immer die Violetta Para aufgelegt. Und die war so schön. Ich weiß noch, in diesen Buchladen zu gehen, nette Leute zu treffen, 'nen Kaffee zu trinken, Violetta Para auf der Platte, ein Glücksgefühl, wahnsinnig, mir war alles egal. "

„Ich empfand, als ich ins Schwabentor kam, das als eine sehr starke Frauenherrschaft. Die Frauen waren für mich absolut dominant. Ich interessierte mich allerdings auch ausschließlich für die, wobei ich auch sagen muss, wen ich da getroffen habe, im Kampfgewand mit 'nem schwarzen Gürtel, der grinsende H.. Ich fand den absolut uninteressant, weil er nur eine Fassade hatte, für mich. Ich hab ihn oft gesehen, er kam immer rein, ging wieder raus. Er hat sich nie niedergelassen. Aber er hat immer nur gegrinst. Manchmal hatte er seinen Kampfanzug an, manchmal nicht. "

„Also, wenn ich ins Schwabentor kam, hatten T und ich uns unendlich viel zu erzählen, entweder kamen welche dazu oder nicht. Wir saßen immer in der Küche. Immer. Nur, wenn wir mal Geheimnisse austauschten, saßen wir in den Zimmern. Ich saß also mit T in der Küche und wir hatten sicher schon das dritte Glas, es war schon spät, wir waren früher irgendwo gewesen. T machte den Kühlschrank auf, nahm alles, was im Kühlschrank war, raus, legte es auf den Tisch. Wir zwei essen alles, was da ist, auf. Am nächsten Morgen kommen alle aus den Betten, wollen frühstücken, nichts mehr da. Und das ist bestimmt öfter passiert. Ich erinnere mich, dass es reichliche Dinge immer gab, da kam jemand rein, du z.B. und sagtest: "Da ist ja gar nichts mehr." Und dann wussten wir schon, am nächsten Morgen geht ein Donnerwetter auf T runter. Oder, wenn ich da drin saß, der N kam nur und guckte, zeigte kurz seinen schwarzen Gürtel und ging wieder. Oder, tänzelnd kam der O. rein, mit oder ohne Hose."

„...Ausgesprochen und auch körperlich

zugeneigt, ich weiß noch, früher, da haben wir uns ja nicht dauernd umarmt. Und ich weiß noch, als M mal zu uns kam, sagte meine Mutter: "Die M ist lesbisch, die umarmt dich ja!" Also ich verkürze das jetzt, das war sie nicht gewöhnt. Zehn Jahre später haben meine Eltern selber alle umarmt, auch Erwachsene, also ihre eigene Schicht. Das hat sich völlig verändert. Das war irgendwie so toll. Auch, dass wir so viel reden konnten, dann dass wir uns so toll fanden und so viel Neues machten. Ich weiß auch nicht, es war irgendwie so eine schöne Zeit."

„T.: Warst du bei der Veranstaltung, als die Mitscherlich über die Klitoris gesprochen hat?
 Nee, war ich nicht.
T. Schade. Als verkümmerter Schwanz.
Wir haben dann ordentlich remmi demmi gemacht bei der Veranstaltung."

„Aggressionen entstanden dann manchmal, weil jemand nicht mehr hingeguckt hat und jemand sich nicht mehr beachtet fühlte. "

"Glaubst du, dass von dieser Zeit etwas hängengeblieben ist?"

„Klar. Das bin ich. Das ist wie eine dicke Scheibe von mir. Das ist mit die wichtigste Zeit in meinem Leben gewesen. In der Zeit war ich mit mir identisch. Nicht immer. Es gab auch Auf" und Ab" und Heulen und Lachen, wirklich abwechselnd. Aber ich hab mich mit mir identisch gefühlt. Es gab überhaupt noch nicht diese bestimmte Sorte von Trauer, die in den letzten Jahren bei uns allen so eingekehrt ist, dass Freunde sterben, das Wissen, das alles nicht ewig ist. Das war damals nicht, es war im Moment alles ewig."

G. und D.

A.: Du warst ja eine der Mitbegründerinnen, wie hat sich das abgespielt?

G.: Also ich wohnte mit F. in einer riesigen Wohnung, auch in einer WG, in der Gartenstraße, das war so eine Parterre Wohnung, ein Mords Schuppen, acht Zimmer, mit einem riesigen Flur. Das war eine ganz zusammengewürfelte WG, also eine reine Zweck-WG. Schräg gegenüber unterm Dach wohnte H.. H. und F. machten, glaub ich, zusammen ein Seminar über den Prinzen von Homburg, irgendwie bei Pietzcker oder Hermann oder sonst irgendwem, ich glaube, es war der Prinz von Homburg. Ich hab mich ja damals immer bei den Germanisten rum getrieben, weil ich mit F. zusammen war und hab meine Romanistik völlig ad acta gelegt, hab dann hinterher nur Examen gemacht, das war wirklich alles.

A.: Du hast noch studiert?

G.: Jaja. Ich hab Romanistik und Geographie studiert, offiziell. Dann kam eines Tages H. und sagte, er hätte so eine tolle Wohnung an der Hand, am Schwabentor, ob wir nicht Lust hätten, damit einzuziehen. Ich weiß noch, dass mich damals schon der Prinz von Homburg unsterblich gelangweilt hat, dass man das aber nie hätte laut sagen können. Die hatten natürlich einen marxistischen Ansatz für den Prinzen von Homburg usw.

A.: Weißt du noch, wann das war?

G.: Ziemlich genau muss das 70 gewesen sein. Ich bin 69 mit F. nach Freiburg gezogen, 71 haben F. und ich geheiratet, da waren wir schon in der WG, im Schwabentor. Na ja, dann haben wir uns das angeguckt und fanden die Wohnung natürlich berückend schön und noch die zwei Zimmer da oben. R. war mit dieser süßen kleinen Schwäbin, N., zusammen. Die zog nach oben. Wir hatten dort die zwei Mädchenkammern, dort zogen C. und N. ein. N. war bei R., der machte Erstsemesterberatung, deshalb waren das so seine Ziehkinder, C. hat ja auch immer an den Lippen von R. gehangen, der immer die Weisheiten sozusagen schon fertig präsentiert hat. Endgültig. Ja, dann waren wir unten, wir waren zu fünft, und das große Zimmer war ein Gemeinschaftszimmer. Wir haben damals alle zusammen eine Haushaltsauflösung gemacht, das war auch ganz spannend, da haben wir dann Geschirr geholt, da hab ich noch so ein paar Sachen davon auf dem Dachboden, wir haben dann alte Puppen gefunden, da hab ich oben noch eine, R. fand dann eine Pistole, die haben wir aber nicht mitgenommen, die war eingewickelt, das muss so ein alter SS Typ gewesen sein oder so, da war was eingraviert. Die haben wir dann da gelassen. Wir haben die Möbel aus verschiedenen Haushaltsauflösungen geholt, von der Nothilfe usw. Da haben wir zuerst ein Gemeinschaftszimmer eingerichtet. Wir waren zu fünft mit den beiden Kleinen oben, sozusagen, in den Kinderzimmern, das war so die Mischung. Ich erinnere diese wunderbaren Räume, wie toll das ist, wenn man irgendwie mit Schwung was Neues einrichtet und eine neue Lebensphase beginnt, ich fand das sehr anregend, ich mach das heute ja noch gern, Wohnung einrichten und so Zeug, das animiert mich. Und so die Stimmung, ja ich muss schon sagen, ich hab damals ein ganz anderes Verständnis von mir gehabt. Ich hab diese Männer unglaublich angehimmelt, das waren Intellektuelle, das Allergrößte auf der Welt. Halt diese ganze germanistische Blase. Ich bin, glaub ich, absolut nicht, überhaupt nicht intellektuell, bin praktisch und künstlerisch veranlagt, aber ich hab das immer toll gefunden, wenn einer sich wirklich in Theorien auskannte, Adorno gelesen hatte, wofür ich immer viel zu faul war, ich hab mir das immer aus zweiter Hand gerne erzählen lassen, aber z.B. selber mir so was zu erarbeiten hätte mir nie Spaß gemacht. Ich hab das dann gerne am Küchentisch aufgesogen, da ging's ja nur um so Sachen. Da ging's ja nur um Lukacs Debatte und Hegel-Rezeption (lacht) und so'n Zeug und Adorno "Minima Moralia", das hab ich denn grad noch gelesen, aber mehr auch nicht. Dann war das aber auf der Kippe, die Bewunderung sozusagen für die Intellektuellen und gleichzeitig eigentlich die Verachtung für die Männer. Das war, wo ich gemerkt hab, die sind sozusagen als Männer und als Menschen ganz arm, und ganz schwach, und irgendwie erbärmlich, und müssen das wahnsinnig kompensieren, indem sie die ganze Zeit ihren Kopf betätigen. Ich glaub, ich hab dann ein sehr ambivalentes Verhältnis zu denen gehabt, so dass ich eigentlich das Gefühl hatte, das ist irgendwie nicht richtig geerdet, das hat keine Basis, so Kopfgeburten oder so was.

A.: Das hat sich dann so entwickelt bei dir quasi...

G.: Ja, und es hat mir schon auch Angst gemacht, so dass ich immer dachte, ich muss mich mit denen messen, wollte es eigentlich nicht, aber ich hab gedacht, um überhaupt ein Mensch zu sein.... so, man wurde ja auch nur anerkannt, wenn man dieselbe Sprache geredet hat. Wenn du nur das gesagt hast, was du gedacht hast, ...warst du schlichtweg..

(Beide lachen)

A.: ..wurdest du nicht beachtet. Was hat S. für

dich dann so eine Rolle gespielt? S......... war ja auch schon ziemlich früh ....auch ziemlich elend in der Beziehung zu H., war ja eigentlich von Anfang an alkoholisch.

Also was mich an S. sehr fasziniert hat, war ihre unglaubliche Musikalität. Ich hab sie kennengelernt, bevor wir da einzogen, da hat uns H. mitgenommen, Sonntag Nachmittag, da wohnte sie draußen in Denzlingen, hatte eine unglaublich gemütliche Bude, das war richtig S. - S. war ja auch nicht der theoretische Mensch - und dann hat S. uns Mahler, Kindertotenlieder vorgespielt, das war für mich ein derartig prägendes Erlebnis - "Wenn mein Schatz Hochzeit macht.." (singt) und die "Lieder eines fahrenden Gesellen" , beide sind für mich das Intensivste an Musik, was ich mein Lebtag gehört hab.

A.: Das ist eher melancholisch..

G.: Das ist Mahler, ja, ganz schwer, aber eine irre Musik, eine irre tolle Musik. Und dann haben wir darüber geredet usw. und das waren für mich solche Sachen, wo ich richtig vergehe, das waren auch Welten, die sich mir da eröffnet haben, ich war ja so unglaublich spießig katholisch und hatte einen kleinstädtischen Hintergrund, mit Nonnenschule und...gruselig alles - und dann war das für mich wirklich.....Erleuchtung. Und natürlich diese Sachen: Freud, Adorno, das waren alles unglaubliche Erleuchtungen! Diese Musik z.B. das war wirklich ein echtes Geschenk, was ich so mitgenommen hab durch mein Leben. Ich hab ja dann hinterher hier im Chor gesungen, das hängt natürlich auch mit mir zusammen, aber das war ein ganz wichtiger Punkt, der da irgendwas hochgebracht hat. Ansonsten war S. für mich, wenn sie geredet hat, sie hat ja eigentlich immer problematisiert, sonst hat sie ja gar nicht geredet. Das war schon faszinierend, obwohl sie natürlich fast immer dabei betrunken war und am nächsten Morgen von dem nichts mehr wusste, wovon sie geredet hat, aber ich fand's einfach faszinierend, diese Fülle, weißt du, was alles da so drin war, was raus kommen konnte, das war einfach super. Abgesehen davon ist mir eigentlich relativ schnell klargeworden, wie kaputt sie ist, und hab mich dann auch innerlich abgeschottet von allem Möglichen. Ich hatte die Beziehung zu F., die wirklich sehr lang sehr intensiv war und ich dadurch ausgelastet war, sehr lang ganz innig, wirklich so ein Liebespaar, durch und durch, und da war auch gar nicht so viel Raum. Obwohl ich da auch, da fällt mir jetzt interessanterweise eine Eifersuchtsgeschichte ein, aber gar nicht so zwischen Mann und Frau so Sachen, sondern....da hab ich einen Weisheitszahn gezogen gekriegt und lag im Bett und hatte 'ne dicke Backe. Es war

ja alles so hoch literarisch. Dann ging F. mit irgendeinem Buch abends um sieben zu H. rüber und da fand sich dann auch S. ein und vielleicht I., es war ja auch immer viel Besuch da, und da las F. irgend etwas vor. Und ich, als seine Ehefrau, lag hinten mit 'ner dicken Backe. Und ich war so wütend! Und da hätte ich immer alles zusammen schmeißen können, weil keiner auf die Idee kam, z.B. zu sagen: " G. liegt da mit ihrem Zahn, sollen wir uns nicht an ihr Bett setzen? So was, das war so merkwürdig, einerseits so soziale Zwänge, alles musste zusammen diskutiert und gemacht werden, gleichzeitig konntest du da liegen und vor Schmerzen vergehen - es juckte keinen. Ich glaube, ich bin dann irgendwann auf Distanz gegangen, ich weiß nicht wie - ich hab ja dann 71 schon Examen gemacht, dann hab ich F. geheiratet, dann - vielleicht ist die WG doch erst später gegründet, da bin ich dann gependelt. Ich bin dann gependelt nach Stuttgart, hab dann, weil ich Reallehrerin war, ein Jahr in Ludwigsburg an der PH mein Referendariat gemacht.
A.: Genau wie ich in Karlsruhe. Ich hab auch 71 in Karlsruhe mein Referendariat gemacht.
G.. Und ich in Ludwigsburg. Da bin ich immer nur zwei Tage gewesen und den Rest gependelt. Dann hab ich kurz mal rumgejobbt und war mal kurzfristig im Schwarzwald an so einer kleinen

Realschule Rektorin. Das war zum Brüllen. Da war S. Nebenlehrerin an der Schule, für Musik. Das war so ein kleines Internat für abgeschobene Kinder. Das war schlimm. Das würde man heutzutage anzeigen. Die hatten da zehn Schüler oder zwanzig Schüler in klitzekleinen Gruppen, aber denen haben sie mal eben ein Buch aufgeklappt und von hier bis da sollten sie lesen, das war der Unterricht, hatten überhaupt keine richtig fertige Lehrerin mit Examen. Da hab ich dann gejobbt und ich war die einzige ausgebildete Lehrerin. Der Rektor war geflogen wegen irgendwas. Da war ich dann provisorischer Direktor mit 22 oder 24 oder irgendwas, aber es war nur ein Gag. Und S. hatte dann an der Gesamtschule 'ne Stelle. Dann hat sie mich an die Gesamtschule als Nebenlehrerin gebracht. Das war 73. Ich war von 73 bis 76 an der Gesamtschule. Das weiß ich. Und da hab ich dann angefangen, das war, glaub ich, für mich ganz gut, da hab ich dann einen anderen Kreis gehabt, irgendwie, wo ich mich abgenabelt hab von diesen ganzen nur rein Intellektuellen. Ich hab Arbeit gehabt, ich glaub, ich hab die Arbeit schlecht gemacht, würde ich mal behaupten. Ich hab dich immer bewundert, wie du dich vorbereitet hast, ich ja überhaupt nicht. Ich bin morgens immer zu spät hingekommen, hab mein

25

Zeug runter gezogen, aber immerhin hatte ich einen Kreis von Leuten, ich hab mich dann in die Schulpolitik geschmissen und hab dann so Personalrat und solche Geschichten gemacht. Das hab ich dann wirklich gerne gemacht. Dann hab ich einerseits die WG gehabt mit F., das bröckelte dann, da kamen so verschiedene andere Geschichten, G. S. und U. T... (lacht)

A.: Das war doch später, da warst du doch gar nicht mehr mit F. zusammen.

G.: Doch. Der zog dann da genau aus. Mit U. hab ich nie zusammen gewohnt. Da war ich schon weg. Ich hab D. 74 kennengelernt.
Aber das mit U. war auch nur ein kleines Interregnum.

A.: Ja, ich weiß. Da hat sich doch die WG so aufgeregt.

G.: Das war, glaub ich, über die grün gestrichene Tür. Ich kam wieder aus den Ferien mit

Lu und U. und das war dann auch der Schlusspunkt dieser WG - Geschichte. Ich hatte, bevor ich mit den beiden Männern wegfuhr, - das waren wunderbare Ferien, fand ich - ich hatte da ja mit F. ein Haus aufgetan, wir haben gesagt, wir kaufen das Haus. Da sind wir ja dann hingefahren, toll, da hängt noch ein Bild in der

Küche, zeig ich dir und dann haben wir dann mit dem Pfarrer gesprochen und mit Erbengemeinschaft und dies und das und jenes, und gefunkt hat es, als, da war "Angie" ganz neu raus gekommen. Und das war so eine kleine Tanzfläche und U. und ich tanzten "Angie." Und U. hat ja gut getanzt, einer der wenigen Männer, die wirklich gut tanzen konnten. Und da hab ich gesagt, wenn ich schon mal mit 'nem Mann so gut tanzen kann, kannst du auch mal mit ihm ins Bett gehen. (Beide lachen schallend) Und bevor wir fuhren, hatte ich meine Zimmertür grün angestrichen. Und als ich wiederkam, war die Zimmertür von oben bis unten beschrieben: "Warum hast du mal wieder einfach deine Zimmertür grün....? " Und dann so Verschwörungen, wie nennt man das so...Formeln drauf, so Hexenformeln drauf.

A.: Ja, wer war denn das?

G.: Das war wohl S., während wir weg waren, das hat sich dann irgendwann entladen und dann hatte ich das Gefühl, ich kann nicht mehr durch diese Tür gehen. Da bin ich auch irgendwie ausgezogen. Da wollte ich nicht sein, wo man meine Tür mit irgendwelchen Parolen vollschmiert, ohne mir zu sagen, was eigentlich anstand. Ich komm nach Hause und da standen irgendwie so Sprüche, ich kann sie nicht mal wörtlich wiederholen, das war so eine Art von Hexenverfolgung, das hat mir überhaupt nicht gefallen vom Stil. Da war für mich irgend so ein Bruch, da mochte ich nicht mehr. Da bin ich sofort ausgezogen. Da fand ich, dass es sich selbst irgendwie ad absurdum geführt hat.

Wir hatten ja vorher auch viele locker flockige Sachen, so mit gemeinsamen Kleiderschrank, es gab doch viel, auch zwischen den Frauen, und das war keine Frauensolidarität mehr. Da entlädt sich ja oft auch so ein kollektives Ding, irgendwas hat sich da so durchgebrochen, so was Archaisches... Ich glaube, S. hat ja in der WG wahnsinnig darunter gelitten, als I. da wohnte, hatte sie ja wohl was mit H., und S. hat immer gesagt: "Du hast was mit ihr" und er hat gesagt "Ich hab nichts mit ihr", hat sie systematisch verrückt gemacht und so Geschichten und ich glaube, da hat sich so irgendetwas....weil ich das eigentlich in aller Offenheit gemacht habe, mit den beiden Männern, weggefahren, ..

A.: Das war ja auch so umgekehrt, S. war ja eher das Opfer von den Männern, und du hast sie eher benutzt...

G.: Ja. Natürlich. In der Zeit hab ich mich für unwiderstehlich gehalten.

A.: Du warst so ein Kontrapunkt

G.: Ich hab eine Weile so gelebt, ich könnte jeden

Mann haben, wenn ich ihn wollte, oder so, ich
bin ja auch inzwischen so eine bescheidene
Hausfrau geworden, kein Mann mehr weit und
breit.....(gluckst)
Ich hatte auch nie so eine Situation umgekehrt.
Doch, es gab da ja M., die war so oft im
Schwabentor, war mit S. befreundet und hat ganz
viel Musik mit ihr gemacht, mit der hatte F. mal
was. Ich hab sonst meine Beziehung ganz raus
gehalten aus der WG, von daher hatte ich nicht
son Clinch mit den Leuten. Wen ich überhaupt
nicht mehr hinterher leiden konnte, war H., der
ging mir so auf den Wecker, dieses Lachen
immer.. H. war furchtbar, bei R. hatte ich immer
das Gefühl, ich konnte nicht wirklich mit ihm
sprechen, man konnte nicht einfach so mit ihm
sprechen, nur so abgehoben.
C. fand ich irgendwie kindisch und vielleicht hat
sich das alles auch mitgeteilt, dass ich ziemlich
ernüchternde Urteile über die Leute hatte.
A.: Ich hab mich ja auch so mehr oder weniger
raus gehalten, dafür hab ich ja auch so meine
Prügel bezogen, letztendlich, wenn man das jetzt
so hört, gibt es eigentlich keinen mehr, der da so
mittendrin war, vielleicht noch S. und T., die ja
dann doch auch ihr eigenes Ding so gemacht
hatte, sie hatte ihren A., ...
G.: Die hatten einen gemeinsamen Hintergrund,

sozusagen den gleichen familiären Hintergrund, beide die Beziehung zu ihren Lehrern, war ja entsetzlich, wie der B....S. kaputt gemacht hat. Sie hat ja erzählt, wie sie damals in den Pensionen heimlich saß und wartete, kommt er, kommt er nicht, der verheiratete Professor, was ja alles auch noch verboten war. Da hat sie ja irre gelitten.

....

Man merkt schon, dass man zusammen in der WG gewohnt hat. Irgendwie kennt man sich anders.

Inzwischen guckt man sich ja auch ein bisschen milder an. Ich bin sehr viel milder geworden. Ich bin früher so streng in meinem Urteil über andere Menschen gewesen.

D.: Hast aber trotzdem mit ihnen zusammengewohnt, ich meine....

G.: Ja. Aber heutzutage denke ich auch: Wie schön, wenn es so eine Vielfalt gibt. Einer ist ein bisschen so schräg, einer ist so krumm, warum auch nicht...

A.: Das war schon alles streng. Was man alles nicht durfte. Wir hatten ein Überich!

D.: Die Ansprüche! Wissenschaftlicher und sonstiger Art.

G.: Einerseits waren wir ja alle sehr für Grenzüberschreitungen, aber sie durften nur

innerhalb eines bestimmten sanktionierten
Rahmens passieren, der war wieder vorgegeben
durch bestimmte Leute. Du durftest nichts nach
Gutdünken machen.

A.: Das war schon ein ziemliches
großbürgerliches Überich.

G.: Ich wüsste schon ganz gerne, z:B. hat S. einen
starken Eindruck auf mich gemacht, diese
intellektuellen Männer auch, ich wüsste
umgekehrt auch mal ganz gerne, ob da auch was
von mir eingegangen ist.
Ich hab dann ja auch diese komische Frauenrolle
gespielt, ich hab mich beschwert, wenn die Küche
nicht geputzt war, das Klo nicht geputzt war und
so.

D.: Wann bist du eingezogen ins Schwabentor?

A.: 74. Und wann hast du G. kennengelernt?

D. : Im Herbst 73. Da haben wir uns zum ersten
Mal gesehen.

A.: Als du da Klavier gespielt hast..

D.: Das war im Sommer 74. Ich hab in der
Klarastraße gewohnt, nicht in so einer
bedeutenden WG, (lacht) mit Kommilitonen,
Ingeborg Fulde, dann etwas wechselnde
Besetzung, ein schottischer Musikstudent, Ken
Karsky, den ich komischerweise hier wieder
getroffen hab über Justus' Internat, Luisenlund,
der ist da Lehrer inzwischen, war da sogar mal

Direktor, wir haben uns dann ein paar mal
getroffen, war echt lustig.

A.: Wie war das so für dich, was hast du so
mitgekriegt von dem sogenannten Schwabentor?

D.: Na ja, ich bin ins Schwabentor gekommen
über S. B., der ja mit R. ganz dicke war über eine
lange Zeit, ich war ja in der Psychologie so am
Rumoren, am hochgestochenen Wahnsinn
verbreiten, über Gott ,und die waren öfter mal da.

G.: Ja, dann hat D. musiziert mit S.B..

D.: Das war wie auf dem Lindenhof. Da hat S. B.
ein Konzert gegeben.

A.: Was hat er so gesungen?

D.: Schubert. Mahler..

G.: Ganz bürgerliches Zeug! Da haben die ein
Konzert gemacht auf dem Lindenhof und da hat
mich D. gefragt, ob er mir Klavierstunden geben
soll. Auf diese Art und Weise kam D. ins
Schwabentor.

D.: Da war ich schon vorher öfter mal, ..

G.: Zu mir ins Schwabentor sozusagen, da haben
wir bei S. immer Unterricht gemacht, und dann
ist bei uns heute noch nicht geklärt, wer wen
zuerst geküsst hat. D. behauptet, ich hätte ihn
geküsst beim Abschied und ich behaupte, er hat
mich geküsst beim Abschied.

A.: Ja und hast du überhaupt was mitgekriegt so
von der Atmosphäre?

D.: Natürlich. Z.B. das Ende einer Psychodiskussion. Die Tür öffnete sich, alle Leute kamen mit roten Köpfen, etwas wirren Blicken in alle verschiedenen Richtungen, vermieden Blickkontakt und strebten in ihr Zimmer. Aus der Küche kamen ungefähr zwanzig Grad zusätzlich raus, sozusagen "dicke Luft".

Es war natürlich so eine Hochburg. So hab ich das ja über S.kennengelernt, also die Leute im Schwabentor, die bedeutendsten Köpfe in Freiburgs Studentenzirkeln, wozu er sich natürlich auch selbst zählte, also R., H. , ..

G.: F. nicht?

D.: F., nee, der hat nicht dazu gezählt, nein. Und insofern war es natürlich von einem gewaltigen Nimbus umgeben, der natürlich mich betraf, weil ich überhaupt so beschäftigt war, diese ultimativen theoretischen Erkenntnisse auf marxistischer Grundlage zu erwerben, die schienen dort irgendwie (lacht) beheimatet zu sein. Mit H. und R. hab ich ja nie näher Kontakt gekriegt.

A.: Du warst ja auch kein Germanist. Die haben ja auch immer sehr abgehoben geredet..

D.: Sozusagen eine Etage höher, also ich hatte immer das Gefühl, sie gucken auf einen herunter, ob es stimmt, weiß ich nicht, aber das Gefühl hatte ich. Wahrscheinlich stimmt es nicht. Hattest du nicht das Gefühl?

A.: Nee, ich bin ja nicht mit so einem intellektuellen Anspruch da reingekommen, mit R. hab ich eigentlich normal geredet, oder wir haben zu viert Doppelkopf gespielt, mit U. und M., haben dabei rum gealbert. M. war ja auch nicht so intellektuell sondern eher so auf dem Teppich. Ich glaube, R. war auch ganz froh, wenn es mal lustig zuging.

D.: Für mich lief das Ganze durch diese Vermittlung von S., der hat überhaupt immer nur Anspruch um sich verbreitet, musste immer alles das Tollste sein, ...

Bei R. und H. hab ich halt gedacht, die sind so ähnlich wie er.., außerdem legte S.ja auch großen Wert drauf, dass R. sein ganz spezieller Freund sei,....

....

Die Frauen-Dominanz, die fing dann erst allmählich an...

....

G.: Also man darf nicht vergessen, dass wir unheimlich viele schöne Fêten gefeiert haben, mit Tanzereien usw. das fand ich immer unheimlich gut. Das gehörte einfach dazu, Man feierte, man lud ein, es waren immer Gäste da, und dadurch war das so eine Großfamilie.

A.: Ja, mehr noch, man hatte ja sozusagen immer

34

sturm freie Bude, konnte machen, was man wollte....

G.: Ja, meine Eltern hätten diese Schandloch nie betreten, S.s Eltern kamen ja einmal zu Besuch, das war ganz schrecklich. Saßen dann am Küchentisch bei uns, total irgendwie deplatziert, andere Eltern sind ja zum Glück nie gekommen. Ich hab ja ohne Drogen mein Lebtag gelebt, es waren ja auch in der WG keine Drogen.

A.: Alkohol halt.

G.: Na gut, aber ich hab nie getrunken, ich kann es heute noch nicht vertragen. Es war aber trotzdem immer so ein Kick da, die ganze Zeit war ich auf'm Trip, jahrelang. Du warst immer in so einer Hochstimmung und Hochspannung, wo du dich selber rein versetzt hast, wahrscheinlich so wie die Leute, die heute Kokain nehmen, ohne diese abfallende Kurve, ich bin immer so auch zum Zerreißen präsent gewesen, das war schon 'ne gute Zeit. Du dachtest, ahh, du hast es jetzt gepackt, dann war es ja auch mit den ganzen politischen Sachen verbunden, also nicht mehr so.., also meine Marxismus-Schulung, das hatte ich alles schon vorher gemacht, als ich in Ludwigsburg war, da hatte ich beim KBW so Marxismus-Leninismus Schulungen.

A.: Warst du beim KBW?

G.: Roter Morgen. Ja. Aber nur kurz. Nur in der

Schulungsgruppe. Ich hab auch mal so Blättchen verteilt. Aber das war alles vorbei. Du hattest ja das Gefühl von ungeheurem Aufbruch und als könntest du jetzt wirklich die Gesellschaft verändern dadurch dass du da........Ich meine, es ist alles so albern, albernes Zeug, aber vom Gefühl her war es ganz identisch.

D.: Vom Gefühl her war es echt.

G.: Für mein Lebensgefühl war das unglaublich. Wenn ich mir vorstelle, wie manche Leute sich langweilen. Es war ja nie langweilig. Es war immer total aufregend. Morgens schon die großen Diskussionen und so, mittags auch wieder und nachmittags und abends, es hörte ja nicht auf, ging ja immer durch. Dass man das überhaupt ausgehalten hat, ist erstaunlich. Und das hat schon seinen Zweck erfüllt, dass, was man braucht, dass das Leben ganz wichtig ist und dass du's machen kannst.

A.: Vielleicht auch, dass du reden kannst, wogegen dieses Sprachlose in der Familie...

G.: Ich hab viel diskutiert zu Hause, aber gegen 'ne Wand! Endlich hattest du Menschen, mit denen du dich verstandest. Das hat insofern auch Spaß gemacht und man hatte das Gefühl, bedeutend zu sein, das darfst du auch nicht vergessen. Du hattest ja das Gefühl, du warst herausgehoben irgendwie, erwählt, von Gottes

Gnaden, sozusagen. Und das war auch nicht schlecht. Vor allem wusste man, wer man war. Aber ich meine, so was nutzt sich natürlich hinterher auch ab. Du merkst natürlich, dass hinter allem Menschen stehen und nur mit Wasser gekocht wird, wenn du heute überlegst... Na gut, es haben sich ja erstaunlich - einige Beziehungen haben sich gehalten.

A.: Wie war das denn nun mit den Gender Themen, ging das wirklich so früh los?

G.: Ja, D. machte mit S. ein theoretisches Seminar...

D.: Ach ja! Richtig.

G.: ..über Männer und Frauen. Da kriegte man sogar einen Schein dafür. Den hab ich dann benutzt für- ich hab ja noch mal studiert- Dipl. Päd.- hab ich noch für mein Diplom benutzt, den Schein.

A.: Wie, du hast danach noch mal studiert?

G.: Ich hab Diplompädagogik gemacht.

A.: Aber dann nicht mehr im Schwabentor?

D.: An der PH. (Alle lachen)

G.: Nee, da war ich dann schon draußen. Das hab ich teilweise parallel gemacht zur Schule. Dann sind wir alle in dieses theoretische Seminar, ich glaube, es war die gesamte Wohngemeinschaft, in dieses theoretische Seminar gegangen. Auf alle Fälle waren R. und S. dabei. Da wurden dann innerhalb dieses Seminars Männer-und Frauengruppen gebildet. Ganz intim.Und die haben sich dann erzählt, die Leute ....:Mein Vater.....meine Mutter...... meine Geschwister usw. ..., was man sich so erzählt,

D.: Frauen- und Männerbild und Erwartungen usw.

G.: Dann haben sich diese Frauen-und Männergruppen über Kreuz zusammengefunden und dann wurden die Erfahrungen ausgetauscht, was man da gemacht hatte. Wie reden die Männer miteinander, wie reden die Frauen miteinander usw. Das war dieses Seminar von S.B. . G. W. war auch mit in dem Seminar, auch noch ein paar andere Frauen, mit denen ich in der Kleingruppe war.

A.: Ach so, da hat sich das dann entwickelt, aber es war immer noch so, dass die Männer den theorrrrrrretischen Diskurs machten und damit die Küche beherrschten.

G.: Aber dann fing die Frauenbewegung an, stärker zu werden. Das war auch die Abnabelung S.s von H., letztlich, über die Frauenbewegung. Aber ich war auch nie richtig in der Frauenbewegung drin.

D.: Da entstanden die Frauengruppen an allen Ecken und Enden.

G.: In der Luisenstraße im Hinterhof war das

Frauenzentrum, da war ich aber nur ein-zweimal. Ich muss schon ehrlich sagen, letztlich vertrage ich mich überhaupt nicht mit irgendwelchen Vereinen oder festen Gruppen. Ich fühl mich überall eingeengt. Das hat sich bei mir dann auch immer klarer raus gestellt, das ist mir alles zu viel Fremdbestimmung. Dafür bestimme ich selber zu gern und sag, wo's lang geht. Am wohlsten fühle ich mich, wenn ich Chefin bin, sagen kann:"Wir können das alles nett regeln", ich hab ja nur Frauen als Angestellte, denen ich sagen kann, was sie zu tun haben. Geht mir super dabei.

D.: Vordemokratische Werte!

G.: (lacht) Geht mir absolut Spitze dabei!

A.: Unsere Ideale, wo sind sie geblieben?

D.: Also zum Thema Frauen und Küche und Frauenrolle muss ich mal an eine Szene denken, die ich erlebt hab und interessant fand, ich weiß allerdings nicht, wie ich das verstehen soll. Es gab mal eine Szene, wo einer angefangen hat, ich weiß nicht wer, in der Küche Geschirr zu zerdeppern.

G.: C. und ich!

D.: Das wurde dann ein ganzes Happening. Das war ein Riesen Haufen, richtige Verwüstung in der Küche.

G.: Ich weiß, dass I. dabei war und dass einer, vielleicht C., so eine Kanne hingehalten hat und

gesagt hat: "Soll ich?" Und ich hab gesagt: "Ja."
Und dann fiel die Kanne.

A.: Dann ging das los. Ich weiß auch, dass ich da noch ein bisschen mitgemacht hab. (Alle lachen)

G.: Ist auch toll, mal einmal alles fallen zu lassen. Warum machen die Leute das so gerne am Polterabend? - Mich wundert nur- das Geschirr muss sehr hässlich gewesen sein, sonst wäre ich eingeschritten. Bei schönen Sachen hätte ich es nicht ausgehalten.

D.: Das war so ein durcheinander Geschirr.

G.: Das wäre der Punkt, wo ich sagen würde: Kaputt machen gerne, aber nichts Schönes!

A.: C. hat T.s griechische Becher kaputt gemacht.

G.: Oh, das geht über eine Grenze.

D.: Das war also kein Aufstand gegen die Frauenrolle in der Küche.

G.: Das waren vielleicht die Underdogs in der Küche. Es waren dann, also I., C. und ich waren eher die Underdogs als die, die Macht hatten und das Sagen und die mal zeigen wollte, dass sie auch was können, zumindest kaputt machen. Das erinnert mich übrigens, als ich dir vorhin die Szene mit dem Zahn erzählt habe, mit dem Weisheitszahn. Da bin ich dann irgendwie rüber in diese T. Idylle, wo die da vorgelesen haben und hab Halligalli gemacht, hab da herumgeschrien.

A.: Das hast du immerhin gemacht.

G.: Ich konnte ja kaum sprechen, und sind auch welche rüber gekommen, nämlich S., und dann hat sich eine ganz interessante Szene abgespielt, die kann ich aber nicht mehr genau rekonstruieren, ob S.s oder mein Nachthemd dabei total in Streifen zerrissen wurde. Wir haben irgendwann angefangen, ein Nachthemd - ich kann ja nicht im Nachthemd gewesen sein, oder vielleicht doch schon....aber auf alle Fälle haben wir ein Nachthemd in lauter schmale, weiße Fetzen zerrissen. Ich kann's aber nicht mehr sagen, es ist nur noch ein Bild, was mir geblieben ist. Es war aber schön, die Lust hat dabei überwogen. Auch bei dem Geschirr zerdeppern hat die Lust eindeutig überwogen. Ich glaubE. wenn wir mehr Geschirr gehabt hätten, hätten wir...bis nur noch unser Kopf raus geguckt hätte, weitergemacht.

D.: Aber wer hat saubergemacht?

A.: Ich weiß es nicht mehr. T. ist zu Karl Müller zum Frühstück geflohen.

G.: Aber diese periodische Entladung muss, glaub ich sein in diesen Gruppen, eine, die nicht gezielt und nicht geplant ist. Letztlich haben wir uns da alle ganz gut ausprobieren können. Ich weiß nicht, wem wirklich Schaden zugefügt wurde in dieser WG. Mir dann letztendlich nicht. Ich weiß nicht, ob S. letztendlich daran gescheitert ist. Sie war ja zehn Jahre älter, das darf man nicht vergessen. Wir waren eigentlich noch Kinder.

A.: S. war nicht so viel älter, vier Jahre älter als ich.

G.: Ich hab S. immer als zehn bis fünfzehn Jahre älter erlebt. Fast als ob sie zu einer anderen Generation gehörte.

A.: Wir waren alle nicht mehr so blutjung, das muss man ja auch mal sehen, wir waren ja alle schon Ende zwanzig.

G.: Ich bin mit einundzwanzig in die WG gegangen, nee, mit dreiundzwanzig. 70/71, um den Dreh. Also das fand ich noch jung. Ich bin ja auch früh wieder raus. Als ich 75 auszog, war ich 26. Ich glaube, manche sind auch zu lang drin geblieben. Ich fand mich dann reif für eine andere Lebensform, letztendlich.

D.: Das zeigt sich ja überhaupt, dass die Paarbeziehung dann die größte Macht für den Lebensweg für alle gehabt hat oder einen größeren Einfluss auf den Lebensweg als die Wohngemeinschaft.

A.: Letztendlich haben wir es dann doch wieder so gemacht wie unsere Eltern.

D.: Ja, durch verschiedene Stationen vielleicht hindurch. Das Modell hat sich ja aufgelöst.

G.: Wer wohnt denn noch in 'ner WG, jetzt, mit

Familie oder so?

A.: Keiner von denen.

....

D.: Also für mich war das so, das da was Scharfes, Aggressives in der Luft lag. Ich habe das bei S. sehr stark empfunden. Ich fühlte mich von S. immer sehr kritisch betrachtet, überhaupt als Mensch akzeptabel zu sein, von R. auch eventuell. Insofern war ich ganz froh, da nicht zu wohnen. Wenn man da wohnt, war man dauernd den kritischen Blicken ausgesetzt. Wenn man den Erwartungen nicht entsprach, wurde man mit irgendeiner theoretischen Kritik überzogen, und da hatte ich das Gefühl, das war schon eine ziemlich Anspannung, das lag so in der Atmosphäre.

....

G.: Eigentlich waren die Zweierbeziehungen sehr geschützt in der WG.

D.: Das glaube ich auch, dass die Zweierbeziehungen letztlich der Kontrolle durch die WG entzogen waren und ihr Eigenleben geführt haben.

G.: Es war ja auch keine Kommune.

D.: Also hat das Inzesttabu innerhalb der Wg funktioniert.

G.. Ja, bis auf einmal, mit I.und H.. Es wurde immer geflüstert von allnächtlichen

43

Schleichereien. So dass man nicht wusste, also irgendwo klappte eine Tür, - kam I. jetzt von C., von H. oder von R..

Wir waren noch kein Big Brother, wir hatten keine Fernsehkameras.

A.: Wir waren selber Big Brother, die brauchten wir nicht. (Alle lachen)

G.: Also dieses über ernst nehmen und diese Humorlosigkeit! Dass man alles nicht mal ein bisschen lässig und lustig nehmen konnte, ist ja auch typisch deutsch! Wenn du dann mal eine Revolution auf deine Fahnen schreibst oder sonst was, dann musste das so bierernst durchgeführt werden bis zur Hinrichtung.

D.: Hattet ihr denn so Diskussionen über richtig und falsch. Kampf zweier Linien usw.?

G.: Nicht so, dass du das als Thema hingestellt hast.

A.: Du wurdest ja auch ein Stück ignoriert, wenn du etwas Falsches gesagt hast, du wurdest nicht wahrgenommen.

....

G.: Die Hierarchie konntest du damals schon wahrnehmen. Dass R. mal so was wie Professor wird, konnte man damals schon ab spüren. Dass H. letztlich Oberlehrer geblieben ist, konnte man auch schon ab spüren.

Es ist auch ganz komisch, dass man merkt, mit

wem man noch mal Kontakt aufnehmen möchte und mit wem nicht.

Ich hab ja die Phase in sehr guter Erinnerung, als du und T. eingezogen seid. Das war so, wie ich mir das früher mit meinen Schwestern so gewünscht hätte, eine Ebene, eine Wellenlänge, man hat was voneinander, und es war auch so angenehm, so angenehm unkompliziert. Da fing das an, was ich jetzt mit meinen Frauen mache, ich zieh mein Ding aus und sie probiert es an.

D.: Der Kleidertausch.

G.: Ja. Ich zieh meine Hosen im Laden aus, jemand probiert es an, das ist bei uns im Laden so. Das hat so was ungeheuerlich Unkompliziertes, das könnten Männer nie miteinander machen, irgendwo, so dass jemand zu dem Verkäufer sagt: "Ziehen Sie doch mal die Hose aus. Ich will mal Ihre Hose anprobieren." Aber das sagen bei uns die Frauen und das hat sich so gehalten. Auf dieser Ebene gehe ich, wenn's mir Spaß macht, mit Frauen um. Und das macht auch den Frauen Spaß. Das ist so eine ganz geschwisterlich familiäre Sache. Da haben wir uns ja auch, so viel ich weiß, nie gestritten.

T., den 19. September 2000

T.: Als ich vor der Frage stand, ob ich ins Schwabentor einziehen wollte, kannte ich in meiner Erinnerung nur S., und das auch aus meiner Zeit an der Musikhochschule, weil wir ja zusammen studiert haben, und ich glaube, dass ich die Anderen nur vom Sehen kannte, gar nicht gut, vom Sehen und vom Hören. Die haben mich schon gefragt, bevor ich in die Reiterstraße gezogen bin, da wohnte ich noch in der Lorettostr.

A.: Kanntest du H.?

T.: Ich glaube, nur so von Fêten, ganz vage. Ich kannte H. eigentlich gar nicht. Ich kannte auch S. nicht sehr gut. Wir kannten uns von Festen von der Musikhochschule, wir wussten, dass wir zusammen an der Musikhochschule studiert haben und dass wir beide ein Verhältnis hatten zu einem verheirateten Professor. Das war das, was wir wussten. Und dass wir uns immer aus den Augenwinkeln, gewissermaßen, beobachtet hatten. Die haben mich dann ins Schwabentor beordert und da wurde eine Befragung gemacht, das war an irgendeinem Sonntag, wo sie alle, also F., G., S., H., R. und C., da waren und sich mit mir unterhalten haben. Die Art und Weise, wie man politisch lebt und auch politisch leben wollte, das war sozusagen die Frage.

A.: Erinnerst du dich noch an die Vorstellung, die die hatten? Oder die du hattest?

T.: Nö. Ich weiß nur, dass G. zu mir sagtE. sie hätte Angst vor mir, weil ich im Doktoranodenkolloquium bin.

A.: Was hat dich dann so bewogen, da einzuziehen?

T.: Ich fand das total spannend. Ich fand sie alle sehr nett, sehr unterschiedlich und fand sie zum großen Teil sehr klug. So, neugierig machend. Und diese Vorstellung, politisch mit anderen Leuten zusammen zu leben und das Leben auch politisch zu gestalten, hat mir unheimlich gut gefallen.

A.: Erinnerst du dich an die erste Zeit, wie es dir so ergangen ist oder wie du dich gefühlt hast?

T.: Ich erinnere mich nicht mehr sehr substantiell daran, aber ich glaube, es ist mir ziemlich gut gegangen. Ich fand das spannend. Ich fand auch die Gespräche in der Küche interessant, ich fand das spannend über die Arbeiten der anderen, R., Leonce und Lena und Büchner, erzählen zu hören. C. war immer so ein bisschen abseits,in so Nebengleisen hat der sich immer bewegt, fand ich aber auch spannend. An H.s Geschichten kann ich mich - ich weiß, dass er über Kant gearbeitet hat - aber überhaupt nicht mehr erinnern, nur dass ich immer gefunden hab, dass das prima zu H. passt, dass er über Kant arbeitet. Was man sehr schnell mit kriegte, war, dass S. und G. ein sehr kompliziertes Verhältnis zueinander hatten, also spannungsreich.

A.: Kannst du das beschreiben, woran du es gemerkt hast?

T.: Nö. Die waren sich einfach nicht sehr nahe. Ich glaube, sie hatten auch viel Kritik aneinander. Die Rolle, die sozusagen G. als Frau spielte, die Eitelkeit von G., diese narzisstischen Geschichten, die haben, glaub ich, S. ziemlich gestört. Und umgekehrt, glaub ich, war das, dass S. für G. vielleicht 'ne Nummer zu wenig ausgeglichen war, dass es immer so dramatisch endete, im Suff. Ich weiß es aber nicht mehr, das sind jetzt nachträgliche Interpretationen.

A.: Und wie ist es dann weitergegangen?

T.: Wie ist es dann weitergegangen? Dann ist, glaub ich, F. ausgezogen, G. und F. haben sich getrennt und F. ist, glaub ich, in die Dreikönigstraße gezogen. Und es wurde ein Zimmer frei. Und dann hab ich eigentlich dafür gesorgt, dass du nachziehen konntest.

A.: Da muss ja irgendeine Debatte stattgefunden haben, weil I. ja auch einziehen wollte.

T.: Hat auch stattgefunden. Das ist eigentlich dein Part, denn die Debatte wurde mit dir geführt und mit I.. Dann kam die Geschichte raus, dass S. bereit war, ein Zimmer mit dir zu teilen, weil es zu wenige Zimmer gab. Die Debatte wurde mit dir geführt.

A.: Ich weiß es nicht mehr, ich meine, dass S. das vorgeschlagen hat, dass sie sich überwunden hat und einfach das Problem lösen wollte. So hab ich das irgendwie in Erinnerung. Das fand ich von ihr schon unheimlich mutig. Es war ja nicht so üblich. Sie kannte mich ja überhaupt nicht. Das war auch irgendwie sehr sozial.

T.: Wann kam denn U. eigentlich nach?

A.: Erst sehr viel später. Den hab ich ja dann quasi mit rein geholt. Da wurde, glaub ich, ein Zimmer frei und wir wussten auch niemanden, ich wollte dann auch ganz gern, dass er da einzieht.

T.: Ich hatte ja damals noch mein Velo-Solex, nicht? Ich bin immer mit dem Velo-Solex zur Gesamtschule gefahren.

A.: Warst du denn da schon an der Gesamtschule am Anfang?

T.: 75 war ich an der Gesamtschule. Und da hatte ich noch mein Velo-Solex. Und mit dem Velo-Solex bin ich auch immer raus zu G. S. in die Kappler Straße gefahren.

A.: Was hattest du vorher gemacht? Da hattest du promoviert, nicht?

T.: Ich hab nicht fertig promoviert. Ich hab

promoviert, ja.

A.: Bist du in die Schule gegangen, nachdem du deine Promotion abgebrochen hast?

T.: Das weiß ich nicht mehr.

A.: Hat das irgendwas verändert, als du dann in die Schule gegangen bist?

T.: Ich bin ja immer zur Schule gegangen. Ich bin während meines ganzen Studiums zur Schule gegangen. Ich war in Emmendingen an der Schule, war in Freiburg an der Berufs Schule, am Friedrichsring, ich war an der Angell - Schule und ich war am Birklehof, und an der Gesamtschule.

A.: Ich meine, hat sich für dich atmosphärisch in Bezug auf das Schwabentor etwas verändert, als du dann in der Schule gearbeitet hast?

T.: Nö, es war intellektueller im Schwabentor als in der Reiterstraße und in der Lorettostraße, anregender. Für mich. Und natürlich, ich konnte viel über meine Doktorarbeit und diese Geschichten mit der Produktionsästhetik, auf die ich so stolz war, reden, aber ich hatte 'ne richtige Schreibblockierung nachher, und dann fand ich das eigentlich ganz nett, weil die Wohngruppe sich hingesetzt hat, R., C., H., und gesagt haben: "Die muss aus der Schreibblockade raus", und mit mir ein Konzept entwerfen wollten, wie ich das schaffe.

A.: Kannst du dich noch daran erinnern, was das

für ein Konzept war?

T.: Nö. Weiß ich nicht mehr.

Ich glaube, sie wollten mir sagen, dass ich mit ihnen kontinuierlich über meine Forschungsergebnisse sprechen könnte und die haben mich, glaub ich, gefragt, ob ich einen zeitlichen Rahmen dafür brauche. Ob man sagt, jeden Dienstag von acht bis zehn über Karl Valentin oder so was. Ich glaube sogar, dass es ein Gespräch war, wo sowohl die Arbeitsschwierigkeiten von C. als auch meine Schreibschwierigkeiten besprochen werden sollten.

A.: Habt ihr das dann auch durchgeführt, dieses Konzept?

T.: Glaub ich nicht. Kann ich mich nicht dran erinnern.

A.: Also ist sozusagen im Sande verlaufen.

T.: Ja.

A.: Erinnerst du noch irgendwelche Ereignisse in dieser ersten Zeit?

T.: Nee, eigentlich nicht. Fallen dir welche ein? Na, die Feste, natürlich. Im Schwabentor wurde ständig irgendwas, entweder es wurde gefeiert, oder es wurde gesoffen, oder es wurde getanzt, entweder es wurde bei einem offiziellen Fest getanzt, oder es wurde kein offizielles Fest gemacht, aber es wurde trotzdem getanzt.

Was ich als sehr schön empfand, war, als sie in Freiburg wegen Wyhl, also das Badenwerk, die Lichter haben ausgehen lassen. Da gab's , glaub ich, 'nen Fußballspiel oder irgend so was, wo sie uns zeigen wollten, wenn ihr keinen Atomstrom habt, dann gehen bei euch die Lichter aus! Das war so eine richtige Angstmacher-Geschichte. Es war abends, Theater, alles fiel aus, die Leute saßen plötzlich im schwarzen, dunklen Raum. Bei uns war es eben auch so: bei uns gingen die Lichter aus, und dann fanden wir das aber ganz toll, weil wir gesagt haben: Mal sehen, ob wir feiern können! Und wie feiert man, wenn man keinen Strom hat? Dann haben wir ganz viele Lichter angemacht, da mußt du eigentlich dabei gewesen sein, ganz viele Kerzen angemacht, haben sie ins Fenster gestellt, als auch auf den Schwabentorplatz. Da haben wir ganz viele fremde Leute mit nach oben genommen und gefeiert.

A.: Genau, das habt ihr erzählt, da war ich irgendwie nicht in Freiburg.

T.: Alle Leute, die vorbeikamen und ein bisschen freundlich aussahen, haben wir mit nach oben genommen. Und wir kannten keinen. S. hat Klavier gespielt, und wir haben total gefeiert, das war wahnsinnig nett. Hat wirklich richtig Spaß gemacht.

Und dann haben wir ja mal das Schwabentor besetzt.

A.: Wie kam das eigentlich dazu?

T.: Da wurde das Schwabentor renoviert. Und dann haben wir, in meiner Erinnerung, ich weiß nicht mehr, wer das war, den Bauarbeitern die Schlüssel abgeschwatzt. Und dann haben wir auf der Schwabentorbrücke ein Fest gemacht. Wir haben lauter Umleitungen gemacht, da wurde der Zubringer gebaut, und wir haben überall Verkehrsschilder gesammelt und haben uns sozusagen aus der Verkehrslage hinaus manövriert auf diese Art und Weise, und wir haben im Schwabentor auch geschlafen. Einige haben im Schwabentor geschlafen. Ich auch.

A.: Wer war alles dabei?

T.: Alle. Michael Berger, Karl Müller, alle waren da. Das war ganz toll. Wir kamen uns vor wie Burgfräulein, da drin. Aber wer die Idee gehabt hat, die Schlüssel zu klauen, ich weiß es nicht mehr.

A.: Und es ist auch nichts passiert. Das hat keiner gemerkt?

T.: Nix. Gar nix. Alle waren folgsam.

....

Was noch für mich 'ne wichtige Geschichte gewesen ist, als ich an die Gesamtschule kam, war das Diskutieren mit Heide, mit S., G. schon nicht mehr so viel, über die Situation als Lehrerin. Ich kam ja an die Gesamtschule, wo politisch noch ziemlich viel gelaufen ist und die Schule sich ja selber fühlte wie 'ne Kader Schule, aufgeklärt und so. Ich hatte ja die Klasse von B. K. übernommen. Berufsverbot. Als ich in die Klasse reinkam und sie sah, dachte ich, typische Klasse von einem Mann - Die waren gewohnt, dass man Schlüssel durch die Gegend kickte, wenn ich nicht aufpasste, musste immer ein Schlüssel geschmissen werden, ein Dreieck oder irgendwie so was. Das war eine total männlich erzogene Klasse.

A.: Wie, ein Schlüsselbund geschmissen? Wer hat das geschmissen?

T.. B..

A.: Auf die Schüler?

T.: Ja, auf die Schüler.

T.: Das sind so uralte Geschichten: "Hallo! Aufpassen!

Und das war schwer. Und das war mit ein Grund für mich, die Frauengruppe zu gründen.

A.: So was Brachiales, irgendwie.

T.: Brachial ist vielleicht übertrieben, aber sehr körperbetont, mit körperbewußtem Einsatz.

A.: Forsch.

T.: Ja, nassforsch.

A.: Und wie hast du die Frauengruppe erlebt?

T.: Die hab ich ja mitgegründet. Das fand ich total spannend. Die Erfahrung, die ich in der Klasse gemacht hat, hat für mich dazu geführt, zu überlegen, ob es nicht sinnvoll ist, mal darüber nachzudenken, wo der Unterschied zwischen Männerunterricht und Frauenunterricht ist und woher der kommt. Was Körpersprache ist und welche Signale du selber aussendest. Welche Signale z.B. B. aussendet, oder G. Sch. , oder wer auch immer. Wir haben damals gedacht, die werden alle so sauer sein, die Männer, sich auch verlassen fühlen, weil sie sich ja für Heroen hielten, Heroen der Arbeiterklasse, dass, wenn wir jetzt sagen:"Wir wollen was für uns alleine machen, das wir sozusagen einen Text gemacht haben, warum wir die Frauengruppe gründen wollen, dass wir alle Frauen an der Schule auffordern, sich dieser Gruppe anzuschließen, und dass wir eigentlich keinen Ausschluss haben wollten. Das haben wir abgezogen und in alle Fächer reingelegt. Wolfgang Schmidt, oder wie der hieß, oh, da kriegten wir Texte aus Sexual-Aufklärungsbüchern, Masters und Johnson, oder wie hießen die noch, wo Wahrheiten, sozusagen der Gleichgeschlechtlichkeit drin standen, dass wir uns als anderes Geschlecht abgewandt haben. Das fand er so was von verwerflich, und kastrierend, hat er auch geschrieben, dass wir

Frauen, die diesen Text unterzeichnet hatten, eingemüllt wurden mit solchen Texten. Das war ganz irre. Scheußlich war das. Einige Frauen, insbesondere die älteren Lehrerinnen, fühlten sich total brüskiert. Ich glaube, aus der Zeit stammt das mit diesem Bild von mir, die Hure und die Kommunistin.

A.: Das war ja 'ne Bombe, sozusagen.

T.: Das war an der Schule 'ne echte Bombe.

A.: Aber ihr habt die trotzdem gemacht.

T.: Jaja, wir haben die lange gemacht. Die fand übrigens immer im Schwabentor statt. Oben. In meinem Zimmer. Wir haben dann doch auch die Psycho-Gruppe gemacht, mit Mazahwi. Da war U., da war G. Sch., so hab ich G. überhaupt näher kennengelernt. M's Mann, wie hieß der noch? P. K.. Dann W. St. war am Anfang mit dabei und ich.

A.: So 'ne Schul - Psychogruppe.

T.: Ja, so 'ne Balint-Gruppe

A.: Worüber habt ihr so in der Frauengruppe gearbeitet? H. Sagte, ihr habt eine Unterrichtseinheit gemacht "Mädchen, trau dich!"

T.: Das haben ja U. und ich gemacht, U., M. und ich.

Wir haben Körpersprache bei uns selber untersucht. Es gab dann H. P.s, die wollte gern eine Selbsterfahrungsgruppe haben, das war eine Geschichte, die immer hart am Rande der

Selbsterfahrungsgruppe lief. Das hat mich immer ein bisschen gestört.

Wo sich dann alle über ihre dicken Beine oder großen Busen oder sonst was unterhalten haben, was das mit ihnen macht. U. Sch. war auch noch dabei. Mit ihr haben wir uns mal so angelegt, weil wir fanden, dass sie eine Verräterin ihres Geschlechts war, meinungslos, phantasielos, so abtrünnig, irgendwie, immer mit den Männern verschwägert, versippt, und hat sie immer verteidigt. Und es gab irgendeine Geschichte, wo sie etwas angestellt hatte, das weiß ich aber auch nicht mehr. Da haben wir sie gnadenlos in die Pfanne gehaun und das war wieder "das Schwabentor", das böse, und dann blieb sie weg.

A.: Welches Image hatten die Frauen aus dem Schwabentor an der Schule?

T.: Ich weiß es nicht, ich glaube, dass wir eher als Flintenweiber wahrgenommen wurden, als attraktive. Die wollten ja auch immer alle was von uns. Also so viele Beischlaf -angebote, wie ich sie an der Gesamtschule gekriegt hab, quer durch's ganze Kollegium, ...

Ach, und dann natürlich die Geschichte mit I. K. Wo ich doch das ganze Schwabentor mitgebracht habe. Da wart ihr doch auch.

A.: Ja. Klar. Diese Hütte. Da hab ich mich doch mit U. im Wald verirrt. Das war alles stockdunkel.

T.: Er wollte doch aus mir die Mutter seiner vier bereits geborenen Kinder machen .

A.: Die hatten doch schon eine.

T.: Der hatte sich doch scheiden lassen.

A.: Was war der Unterschied zu den Männern im Schwabentor?

T.: ....dass er so doof war.

A.: Aber du hast dich doch auf ihn irgendwie eingelassen.

T.: Ich hab mich nur auf ihn eingelassen, um ihn zu tyrannisieren und zu ärgern. Wirklich. Ich hab da hässlichste sadistische Gefühle gehabt. Ich hab ihn verachtet. Verachtet bis zum geht-nicht -mehr.

A.: Warum?

T.: Weil ich ihn so devot fand. Ich fand ihn so hemmungslos devot und konturenlos , verschwommen, Bittgänger, unmöglich fand ich ihn. Unmöglich. Mir ist es ja selber peinlich, weil ich glaube, ich hab mich so scheußlich benommen. So widerlich und so scheußlich, ..Ich hab übrigens doch mal in dem kleinen Zimmer gewohnt, fällt mir jetzt ein, in dem kleinen Zimmer neben der Küche. Ich hab ein starkes Bild. Auch als ich H.-P. H. als Doktorvater den Laufpass gegeben hab, war das auch in dem kleinen Zimmer.

A.: Im privaten Rahmen, sozusagen? Wie war das? Erzähl mal.

Ich fand das gut, ich hatte das besprochen mit den anderen. Ich saß höher als H.-P., das war wichtig. Ich guckte von meinem Schreibtisch aus auf ihn runter. Er saß auf meinem Bett und ich saß am Schreibtisch. Dann hab ich ihm gesagt, dass ich die Art seines wissenschaftlichen Umgangs mit mir nicht förderlich finde, sondern blockierend.

A.: Wie hat er darauf regiert?

T.: Ich weiß es nicht mehr. Ich glaube, er war ziemlich geschockt.

Es war dann 'ne lange Pause. Wobei ich glaube, dass er mehr Schwierigkeiten, damit umzugehen, hatte, als ich. Er war echt geschockt. Er hat sich was davon versprochen. Aber das hab ich leider nicht gemerkt, das hätte er mir vielleicht mal sagen sollen.

Aber von Frauen.......R. O. z.B. , die war ja auch bei ihm im Doktorandenkolloquium, ich weiß gar nicht, ob die promoviert hat, die sagte auch, dass die gesteigerten Leistungsansprüche da waren. "Wenn du als Frau bei mir promovierst, musst du aber doppelt so gut sein wie die Männer."

A.: Warum eigentlich?

T.: Das ist der Satz, den jeder Professor sozusagen um die Jahrhundertwende zu seinen Doktorandinnen gesagt hat.

A.: Hat er das ernst gemeint?

T.: Glaubst du, er hat 'nen Witz gemacht? Natürlich hat er das ernst gemeint.

A.: Warum sollten die besser sein?

T.: Weil sie sozusagen seltener waren, mussten sie diese Seltenheit durch Güte herstellen. Dass es normal mittelmäßige Männer gegeben hat, scheint ihm irgendwie nicht aufgefallen zu sein.

A.: Hm. Um noch mal aufs Schwabentor zurückzukommen, wie hast du die Beziehungen in der Wohngruppe erlebt?

T.: Hab ich zum Teil ja schon gesagt. Ich fand, dass S. und G. ein sehr distanziertes Verhältnis miteinander hatten, zwischendurch auch durch aggressives Verhalten geprägt war. Ich hatte mit S. mehr zu tun als mit G., obgleich ich auch sagen muss, dass mir bestimmte Geschichten an G. sehr gut gefallen haben, ich fand sie zum Teil auch eindrucksvoll und mutig. An manchen Punkten hab ich mich auch gut mit ihr verstanden. Es war durchsetzt, eigentlich. Zu H. hatte ich nie 'ne wichtige Beziehung. Ich fand H. einfach immer 'nen Spießer. Den Bruder, Günther, mochte ich lieber. Das ist ja eigentlich auch eine interessante Geschichte, dass wir über einen bestimmten Zeitraum einen heranwachsenden Jungen in der Wohngruppe hatten, der zur Schule ging. Zur Lessingschule.

A.: Wieso war der eigentlich bei uns?

T.: Ich glaube, dass er zu Hause nicht zurechtkam.

A.: Erinnerst du dich an Rituale?

T.: Ja, saufen war ein Ritual.

A.: Gekocht haben wir ja auch. Ich erinnere mich an den leckeren Kartoffelauflauf von H. und S..

T.: Kann ich mich gar nicht mehr daran erinnern.

A.: Dieser Auflauf mit Kartoffeln, Knoblauch, Schinken, Sahne, und alles mit Käse überbacken. Und das Schrotbrot, was H. und S. immer gebacken haben.

T.: Das fand ich immer etwas zu gesund.

A.: Ich fand das lecker. Und R. hat koreanisches Hähnchen gemacht..

T.: Meistens am Sonntag. Irgendwie wegen M..

A.: C. ist immer mit mir einkaufen gegangen für die Fêten , wir sind immer ins Elsass gefahren und dann waren immer die Badewannen voll mit Wein.

U. hat immer gefärbt, in der Waschmaschine..

T.: Und hinterher nicht gewaschen. Da war S. immer so sauer.

Wo haben wir eigentlich die Wäsche aufgehängt?

A.: Weiß ich auch nicht mehr.

Wir beiden haben so Aktionen gemacht, dass wir zusammen die Schränke aufgeräumt haben.

T.: Wir hatten so eine Litfaßsäule, wo wir alles

aufgeklebt haben, was politisch interessant war. Es gab auch eine Pinnwand über die Männer, wo S. und H. mit Bildchen und Texten über U. aufgehängt haben, war ein Pamphlet gegen U. als Mann und B. M. als Mann, ob C. auch dran war, weiß ich nicht mehr, aber U. und B. waren es.

A.: Und was wurde an ihnen bemängelt?

T.: Na, die Tatsache, dass sie ein Schwanz sind und ihren Schwanz ewig durch die Gegend geschleppt haben, offen und weniger offen. Das gab eine ganz erregte Debatte darüber. Das war 'ne Abrechnung, was die da gemacht haben. Eher so eine Art schwarzes Brett, so könnte man das sagen. Es war direkt, wenn du aus der Küche raus kamst, gleich links, an der Flurwand, zwischen Küche und Klo.

A.: Da kann ich mich nicht mehr daran erinnern. Aber ich hab das auch nie so ernst genommen. Auch das mit den Schamhaaren im Zucker. Da hab ich mich totgelacht.

T.: Ich hab mich da auch totgelacht. Wo hab ich denn noch die Sicherung raus genommen. Beim Fußballspiel.

A.: Bei der Weltmeisterschaft?

T.: Ja. Da waren die so sauer auf mich. Hat K. doch jetzt noch erzählt.

Altenbeken, Samstag, den 7. Oktober 2000

A.: Ja, wie habt ihr denn die WG am
Schwabentorring gegründet?
(Großes Gelächter) Wie hat es angefangen?
R.: Nimmst du schon auf? Muss ich jetzt
druckreif sprechen?
Angefangen hat es so, dass ich derzeit mit C.
zusammen eine Wohnung geteilt hab, in der
Lorettostraße, und da wohnte noch so ein
hässliches Mädchen..
M.: Das war die Freundin von C.s Bruder.
R.: Grauenhaft. Da haben wir uns so schlecht
benommen, dass sie uns rausschmeißen wollten.
Wir brauchten also ganz dringend eine
Ersatzwohnung. Wie es der Zufall wollte, kam
irgendwann H. , den man aus der Basisgruppe
kannte, Germanistik, mit S., seiner damaligen
Freundin, vorbei, und fragte uns, ob wir Lust
hätten, eine Wohnung zu beziehen, die sie gerade
gefunden hatten, nämlich das Schwabentor.
Eigentlich hatten wir keine große Wahl, wir
haben uns das nicht lange überlegen müssen,
(lacht) sondern haben sofort zugesagt und sind
dann eingezogen. Und das war im Jahr...
M.: Ich meine 71
R.: 71. Hm.

M.: 72

A.: Also ihr vier. S., H., C. und du.

R.: Da kam relativ bald..

M.: Die N. muss dann doch auch da eingezogen sein.

R.: N. kam viel später.

A.: Wer war N.?

R.: N. war eine zwischenzeitliche Freundin erst von mir, dann von C.. Die kam später dazu.

M.: Das war alles gar nicht später, das war nämlich in dem Jahr, als wir getrennt waren. Die wohnte doch da oben in diesen zwei Zimmern, wo auch mal T. wohnte.

R.: Wir hatten ja erst sechs, und dann noch zwei dazu gemietet.

T. wohnte da oben, und unten wohnten die beiden Suhrs.

A.: Wie kamen die dazu?

R.: Keine Ahnung, die muss S. gekannt haben.

A.: Über eure Doktoranden, F.?

R.: Nee.

M.: oder über die Schule in Haslach?

A.: Aber dass S. G. angeschleppt hat?

R.: Sozusagen. Das muss so gewesen sein. G. war schon Lehrerin und F. hatte sein Studium schon mehr oder weniger beendet, promovierte noch so dahin, aber hatte irgendwie kein erkennbares Ziel.

A.: Wir müssen jetzt auch nicht alles so chronologisch einordnen, sondern können erst mal gucken, was ihr überhaupt noch so erinnert.

R.: Ich überlege gerade, was es für eine Phase innerhalb der Bewegung war. Es war zu einer Zeit, als die stärksten politischen Bewegungen sich schon wieder gelegt hatten, zu der Promotionszeit, also es bestand zwar aus den Mitgliedern der Freiburger Linken, es starb aber der SDS, d.h. löste sich in verschiedene Gruppen, von KBW bis KPDML auf, und die LeutE. die in dieser Wohngemeinschaft wohnten, hatten diesen Turn nicht mitgemacht, haben sich nicht auf diese Weise dogmatisieren lassen. Waren also frei flottierende Linke und ich hatte mit H. aus schierem schlechten Gewissen so ein Marx-Tutorium, einen Marx- Lektürekurs wiedereingeführt. Das lustige war, dass wir also einen Kapitalkurs gemacht haben, da waren lauter ganz junge Leute, ein ganz anderer Kreis als wir davor kannten, und die hatten überhaupt keine Lust mehr, das Kapital zu lesen , sondern wollten spontane Aktionen machen. Wir haben dann, um sie auf die Gefahren dieses Spontaneismus hinzuweisen, Lenin gelesen, "Über die Gefahren des Spontaneismus. " Das fanden die aber gerade geil. Das war die erste Gruppe, die sich, lange vor den Frankfurtern,

"Spontis" genannt haben. Die haben dann die "action directe" gemacht, haben Fensterscheiben ein geschmissen..

A.: Wovon?

R.: Von verschiedenen Geschäften, dem Amerikahaus...

M.: Das war doch in einer ganz anderen Zeit!

R.: Nein, das war in der Gründerzeit des Schwabentors. Da hatten wir schon promoviert, hatten sozusagen als alte Säcke diesen Marx - Lektürekreis - wir haben uns auch nicht an den Aktionen beteiligt, das waren junge Leute (lacht), die sogenannten Spontis.

Das war wirklich die Zeit der Spontis. Die sind in Freiburg und nicht in Frankfurt erfunden worden. Aber das war eigentlich so eine Sache, um unser schlechtes Gewissen zu beruhigen, weil wir vor allen Dingen promoviert haben zu der Zeit..

A.: Und was war daran schlecht?

R.: .....mit diesem sehr komfortablen Stipendium. Eigentlich gehörte es nicht zum linken Stil, zu privatisieren und seine eigene Karriere zu verfolgen. Man musste irgendetwas anderes tun, in irgendeinem Kollektiv arbeiten, deswegen hatten wir ja aus schlechtem Gewissen diese Gruppe gemacht, die uns dann ja entglitten ist und sich ja (lacht) ganz anders entwickelt hat als wir es wollten, so dass wir das dann wieder aufgegeben haben.

Ja, das war in dieser Zeit. Was tat sich denn sonst noch so politisch?

M.: Nix mehr.

R.: Eigentlich nicht mehr viel. Der KBW und die KPDML usw., die haben so vor sich hin gearbeitet, es gab dann so Anti - Folter Komitees.

A.: Die K-Gruppen haben ja auch alle Gruppen sozusagen majorisiert, auch bei den Germanisten..hatten dann ja wohl auch die Mehrheit.

R.: Ja. Die hatten die alte Basisgruppe Germanistik komplett in den KBW, bzw. KPDML geholt.

M.: Irgendwie war man ja gar nicht mehr in der Uni, auch die Leute im Schwabentor nicht...Man hatte doch gar nicht mehr in der Uni zu tun...

Ich hatte immer das Gefühl, das deswegen, gerade deswegen kamen diese absoluten Psycho – Gespräche, die haben so eine Lücke ersetzt. Man saß so allein am Schreibtisch, manche arbeiteten schon, und weil man ja auch nicht zugeben wollte, dass man schon auf dem take-off ins bürgerliche Leben war, kamen dann diese Wahnsinns - Psycho - und Frauengespräche am Küchentisch.

A.: Das war ja erst später.

M.: Das fing unheimlich schnell an.

R.: Das kam ziemlich schnell. Nach meiner Wahrnehmung- das kann aber sehr verschieden sein -, waren die, die sozusagen die Moralität gesetzt haben, waren schon relativ früh, die Frauen.

A.: Wer war das denn? S., G.?

R.: Das waren S., G...

M.: H. doch auch.

R.. Ja.ja.

Das war zuerst vorwiegend S. und G., die bestimmte Dispositionen und bestimmte Handlungsformen als spezifisch männlich sozusagen diskriminierten, Das gab's ja vorher nicht. Das war noch nicht so ausgeformt wie heute, aber eine bestimmte Härte, eine Arbeitsfähigkeit, ein bestimmtes unsensibles Verhalten, ein kommunikativ - dominantes, das wurde damals schon..

A.: ...angeprangert

R.. Angeprangert. Ja. Und gewann so langsam mehr und mehr Form. Und eigentlich ging diese nichtorganisierte linke Politik schon sehr stark in Richtung Frauengruppen und erste Ansatzformen feministischer Politik. Und dann in diesem Kontext auch Männergruppen, es gab die ersten Männergruppen.

M.: F. war in einer Männergruppe, da hab ich

zum ersten Mal gehört, dass es so was gab. Da war ich hoch beeindruckt.

A.: T. wurde bei ihrem Einzug zu einem Gespräch eingeladen. Kannst du dich daran erinnern? Was hattet ihr für Erwartungen an Wohngruppenmitglieder?

R.: Nee, daran kann ich mich nicht erinnern. Aber ich kann mir vorstellen, was du meinst. Also die Wohngemeinschaft war als politische Lebensform gemeint, wobei man nicht so genau wusste, in welche Richtung und zu welchem Ziel man gehen wollte, festgelegt auf die frühe SDS - Politik, z.B. wurden früher ja auch persönliche Beziehungen daraufhin diskutiert, ob sie schädlich für die politische Aktion oder so waren - das war nicht mehr so - aber man musste sozusagen eine komische Form von, was man heute "politisch korrekt " nennen würde, einhalten. "Political Correctness" gab es eigentlich schon sehr früh für bestimmte Beziehungen, ob man sie zum Beispiel bürgerlich führte, ob man sie zu intim führte, ob man sie öffnete. "Politically correct" war, wenn man offen mit seinen Beziehungen, seinen Wünschen, Ängsten und allem Möglichen umging und politisch inkorrekt war, wenn man sich zurückzog, privatisierte, aber es war im Grunde genommen schon losgelöst von politischer Alltagspraxis.

M.: Das war aber der totale Anspruch! Dass man sowohl in seinen Liebesbeziehungen als auch in seinen Wohnbeziehungen zusammen arbeitete. Auch bei euch in der WG weiß ich noch, dass ihr intern Arbeitsgruppen gemacht habt. Da sollte dann jeder etwas anbieten zu einem Thema, man arbeitete zusammen. S. und H. saßen an einem Schreibtisch zusammen und waren ganz stolz, dass sie zusammen arbeiteten. Das war für mich der Horror schlechthin.

R.: Wir haben das auch versucht und haben dann frühzeitig das Scheitern erkannt.

M.: Ja, aber schmerzhaft. Das war ein übler Prozess.

R.: Aber klar. Es sollte ja nicht eine reine Wohnform sein, sondern auch eine Arbeitsform. Man sollte die anderen an der eigenen Arbeit partizipieren lassen und kollektive Themen der Gruppe anbieten. Da kamen dann schon die ersten "gender" Themen rein. Die Frage der Geschlechter, überhaupt zusammen leben zu können. In dem Zusammenhang hatten wir unseren Benjamin - Kreis. Daraus haben wir dann auch später das Papier gemacht. Politik wurde ein bisschen amorph. Das hatte mit allem Möglichen zu tun, also alles, was sozusagen bei den K-Gruppen nicht gemacht wurde, das machten wir. Psychoanalyse, symbolischer Aktionismus von

Alfred Lorenzer usw.

A.: Und so ganz praktisch, was lief da ab? Ihr habt zusammen gekocht?

R.: Ja. Wir hatten eine gemeinsame Kasse für die Grundnahrungsmittel und die Selbsterhaltung, die war dann immer gegen Ende des Monats leer, so dass dann H. seinen berüchtigten Brotauflauf backte. Das war grauenhaftes Zeug. Das Essen wurde immer schlechter. Es fing bei Fischstäbchen an, ..

A.: Ich kann mich noch an dein koreanisches Hähnchen erinnern..

Da haben wir immer gesagt: "R. tanzt immer, wenn er kocht!" Du hast dich da immer so bewegt, das sah so toll aus, richtiges lustvolles Kochen! (Alle lachen)

Das weiß ich noch. Das schmeckte auch super!

M.: Das hat er auch noch jahrelang hier gekocht, aber es ist jetzt voll aus unserem Programm gefallen.

R.: So ein Theoretiker war auch noch Alfred Sohn-Rethel u.a., so ein relativ elaborierter Marxismus der zweiten Sorte. Der vertrat so eine anti-leninistische Position, die aus der Abstoßung gegen die K - Gruppen resultierte. Es war sozusagen eine Form, Politik wieder in die Uni zurückzutragen, also sich wieder mit Wissenschaft zu beschäftigen. Um sozusagen

Basiswissen für zukünftige Basisgruppen zu schaffen. Also um von dieser wahnsinnigen Enttäuschung, die für uns alle die Wendung zu den K-Gruppen bedeutete, wegzukommen und etwas Produktives zu machen.

A.: Was war an den K-Gruppen so ablehnenswert?

R.: Das war für mich eine Rückverwandlung - im Gegensatz zu den Sachen, die wir betrieben hatten - in bürokratischen Knast, genau die Gewaltverhältnisse, die wir nicht wollten. Aus einem Overdrive heraus, einer Überidentifikation mit alten Formen..

A.: ..Arbeiterpolitik

R.: "sogenannte" , ja, Arbeiterbewegung der zwanziger Jahre, aber da die eben schon, in den zwanziger Jahren schon verbrecherische Politik

M.: Stalinistische..

R. : ..betrieben hatte, also genau alles, was wir eigentlich nicht wollten, weil wir so einen humanistischen Maßstab hatten. Und natürlich die kritische Theorie nicht aufgeben wollten, die als "bürgerlicher Scheiß" diskriminiert war.

M.: Da kamen ja auch so Sachen, dass sie dann das leninistische Parteimodell und den Aufbau einer Partei wollten und genau so Lebensformen. Ich erinnere mich noch, das diese ganzen Lebensformen, so ein bisschen "freiere Liebe" -

wir kommen doch alle noch aus so einer Zeit, ich jedenfalls, einer unheimlich verklemmten Sexualmoral, - dann sahst du ein bisschen Land, ein bisschen Freiheit, und dann kamen die mit dem Parteimodell und Arbeiteridealisierung, wieder die ganz bürgerlich privaten Formen, die die propagiert haben. Ich fand das ganz schrecklich. Ich dachte, es geht alles von vorn los, bloß noch mal irgendwie viel schlimmer. Ich kam aus Frankreich wieder, ich hab gedacht, was da immer erzählt wird über Stalinismus, das geht hier gerade in den K- Gruppen ab. Ich fand das ganz schrecklich. Auch die Leute, die dazu gehörten, das waren ja alles Leute, die man gut kannte, die fingen sofort an, in dem Moment, wo sie merkten, man fand das nicht gut, einen zu diffamieren oder so.

R.: .voll abzuschotten, auszugrenzen, wie verrückt.

M.: Plötzlich war man der Feind, irgendwie. Du hast noch 'nen Abend vorher zusammen gesoffen, oder manche kifften zusammen, ich weiß nicht was, und plötzlich warst du ein Feind. Das hat ja K. M. später noch mal erzählt, dass die wirklich dann so konspirative Sachen machten, nicht redeten, weil man das hätte verraten können, also irgendwie kam einem das wie ein Sandkastenspiel vor. Ganz schlimm, aber auch total kindisch.

R.. Man war plötzlich allein da. Das waren Freunde, mit denen man jahrelang umgegangen war, die sich schroff von einem abgekehrt haben, und zwar von einem Tag auf den anderen. Die haben von einem Tag auf den anderen ihre Sprache gewechselt, ...

M.: Die glaubten ja auch, der Geheimnisträger zu sein, man war ja plötzlich der Klassenfeind, Dinger gingen da ab, da wusstest du ja gar nicht mehr, was Sache war. Man hätte ja heulen können.

R.: Freiheitsfiguren, wegen denen man das ganze gemacht hat: Janis Joplin, die Stones, Che Guevara, die Doors, das war ja viel wichtiger als Marx-Lektüre.

M.: Jimi Hendrix. Che Guevara. Wenn du heute über so einen Hippie-Markt gehst, in Ibiza, mit deinen Töchtern , biste im Pauschalurlaub, findste Tücher, und da sind genau die Typen immer noch drauf, wirklich, Che Guevara, sagte J. noch, ist nach Jesus der am meisten abgebildete Mann überhaupt. Das ist seit dreißig Jahren dann so. Aber ich kannte Che Guevara nicht, als ich studierte.

A.: (singt) Es bleibt, was gut war und klar war, weil man bei dir immer durchsah.....

R.: Er ist kein Bonze geworden...(alle lachen)

A.: Die rote Note hat das gespielt.

R.: Das war genau das, der Geist der Rebellion, der war wirklich verraten und ein geknastet, wurde plötzlich als bürgerlich und anal verschrien und man war plötzlich ganz schön allein in Freiburg, die Leute, die sich da zusammenfanden im Schwabentor, das waren eigentlich so die Ausgeschlossenen, die Paria; das ging ja schnell den Bach runter, sie verschwanden dann in irgendwelchen Parteizirkeln, nach Frankfurt, so dass man dann bald wieder Oberwasser gewann, aber vorher war man jämmerlich allein und fühlte sich auch einigermaßen elend. Das waren ja wirklich die Freunde, die einen verraten hatten.

M.: Aber die hätten das auch gesagt.

R.. Ja. Klar.

M.: Die hätten auch gesagt:"Der alte Z. hat uns verraten."

R.: Ja, Klar. Es gab eine einzige Sitzung, wo sich das so entschied.

M.: Ich hab R. neulich irgendwie zu Weihnachten das Buch von der Frau vom Dutschke geschenkt. Das ist total bescheuert, das Buch. Wenn du das liest und aus der Zeit die Sprache hörst, das hat man ja selber auch vergessen, du denkst, du tickst nicht mehr richtig, wie die alle geredet haben. Wir natürlich auch. Eine Sprache! Eine Terminologie!

Irgendwie auch voll beknackt. Das kann man, glaub ich gar nicht mehr nachvollziehen. Da sind so authentische Dialoge (prustet) ..

A.: Ich hab schon gedacht, es gibt ja wenig aufgenommene Gespräche, wie man damals geredet hat, das könnte ich nicht mehr reproduzieren ...

M.: Aber Gefühle, Gefühle aus der Zeit..

A.: ...kann man erinnern..

M.: wie man an die Sachen ran ging, was die anderen bedeuteten

R.: Das sieht man an diesem Dutschke, der war ja massiv paranoisch, wie sich das dann umformte in eine feste Parteiorganisation, das liegt natürlich auch in der Struktur schon ein bisschen begraben. Es ist nicht ganz verwunderlich. Also dies Schwebende konnte man nicht halten, es musste ordentlich festgeklopft werden, es musste geformt werden und eine Gestalt kriegen. Das was die Leute zusammengebracht hattE. waren ganz verschiedene Motive, die dann paranoisch zusammen gedacht wurden, und in der Parteiorganisation stimmte plötzlich alles. Da war die Klarheit da

A.: und man hatte den Überblick, jaja.

R.: Und das wollten wir genau nicht.

M.: Aber ihr habt euch trotzdem als Lebensform begriffen, nicht als Politkader. Aber wenn du denkst, es gab ja auch Berlin, so Kommune 1 und so, aber so war es nicht. Nicht nur durch diese Sexualgeschichten nicht, so auch was die an Aufhebung von Individualität gepredigt haben, das war ja bei euch gar nicht, es war ja ein gewollter Zusammenschluss von erstaunlichen Individuen. Jeder war so'n eigenes Dingen, das sollte nicht so was sein, wo man den Waschlappen für den Hintern teilt, so nicht.

R.: Die Individuen waren schon sehr stark ausgeprägt, in diesem Falle, aber eine Tendenz, eine bestimmte Form von Individualismus zu überwinden, war schon da. Es sollte schon in gewisser Weise ein Kollektiv darstellen, lebbar machen.

M.: Ja ihr wahrt doch z. B. ständig am Baggersee, das erinnere ich noch, weil ich es da nicht so toll fand, dass ich das Gefühl hatte, das musste man toll finden. Es gab unheimlich viel am Schwabentor, was ich als Druck empfand, was man toll finden musste.

A.: Ich erinnere aber, dass wir als Gruppe nur einmal da waren, allerdings war man da dauernd, das stimmt schon.

R.: Es gab aber andere ausgesprochene Zwangsveranstaltungen , z. B. picknicken, das wurde dann auch wirklich wohlorganisiert, natürlich alles von äußerster Freiwilligkeit, aber gewissermaßen erzwungene Freiwilligkeit. An diesem Punkt hatte es etwas DDR mäßiges, was sehr stark von H. ausging. Der war so ein bisschen der Kommandant.

Nach meinem Gefühl gab es schon Zwangsveranstaltungen, an denen man lieber teilnahm, auch wenn man lieber gearbeitet oder was anderes gemacht hätte, um zu zeigen, dass man an seinen egoistischen Bedürfnissen gerade nicht festhalten wollte, sondern dass man bereit war, sie sozusagen in dieses freudige Kollektiv einmünden zu lassen. Das gab's schon.

M.: Ich hätte jetzt gesagt, dass die Frauen der Stressfaktor waren.

Als ich dazukam, hab ich T., S. und auch E. später, die ja auch von außen kam, für mich dann als die Tonangebenden empfunden und ich erinnere mich daran, ich hatte das Gefühl, um von ihnen akzeptiert zu werden, es ihnen recht zumachen, bin ich in eine Frauengruppe gegangen. Also die wurde von denen gegründet, die war aber nicht nur Schwabentor - intern, aber interessanterweise erinnere ich mich nur an die Leute im Schwabentor. Wir haben uns getroffen und haben Texte gelesen, wir haben uns auch reihum getroffen, ich erinnere mich nämlich an eine Sitzung, die wir in meiner WG gemacht haben.

A.: Was waren das für Texte, weißt du das noch?

M.: Texte von Reich, Texte über weibliche Sexualität, immer war das so, eine musste einen Text vorstellen, der sollte dann diskutiert werden. Aber eigentlich landete man immer sehr schnell bei sehr persönlichen Gesprächen über die Herkunft und die Erziehung so, und irgendwann, meiner Meinung nach, dass eine ganz schön fertig gemacht wurde. Und da gab's auch Tränen, das war auch sehr gewünscht, Ausdruck emotionaler Betroffenheit und so, und ich hab das als ganz schrecklich empfunden. S. spielte da für mich eine unheimlich dominante Rolle, gleichzeitig fand ich immer, kam sie super gut dabei weg. Eindrucksvoll für mich war, dass ich eigentlich nicht wusste, wie ich da wieder raus kommen sollte. Ich hatte Angst vor den Sitzungen, fühlte mich geoutet als total bürgerliche Tussi, die noch irgendwo ist, wo man nicht mehr zu sein hatte, wusste nicht, wie ich da raus kommen soll, weiß selber nicht mehr, wie ich da raus gekommen bin, aber eins erinner' ich noch total: Da saßen wir einmal im Schwabentor, am Tisch, aber dann auch die Männer dabei und andere Leute dabei, abends, alle schon so ziemlich angesoffen, und da waren dann manchmal so Gespräche, da musste dann jeder zu irgendwas was sagen, also auch was richtig Grauenhaftes, so wenn man merkt, bald bin ich dran, ich soll was sagen zu

irgendeinem Thema. Das war so ein bisschen
aggressive Stimmung auch schon, und dann
passierte was ganz Komisches, alle schon so leicht
besoffen...Ich erzähl das, weil das für mich so eine
Durchbruchs Situation war: Ich hatte immer,
wurde also furchtbar mit gehänselt, eine
künstliche Perlenkette, die hat vielleicht zwei
Mark gekostet, sah genauso aus wie eine
Perlenkette, aber war nicht echt, keine echten
Perlen. Und es gab wieder so eine
Diskussionsrunde, wo jeder was sagen musste,
die Reihe kam an mich, das Thema weiß ich nicht
mehr, und S. sagte auf einmal: "Mal gucken, was
sie jetzt wieder für einen gut bürgerlichen-
höhere- Töchter- Quatsch sagt", stand auf, ging
raus. Ich hab das sofort als aggressive Aktion
gegen mich begriffen, mir fiel überhaupt nix mehr
ein, kommt S. wieder rein und sagt: "Ich muss dir
mal was sagen. Ich bewundere. dass du das so
lange durchgehalten hast. Mein Vater, der hat mir
mal eine echte Perlenkette geschenkt, die war
ganz teuer, du würdest die anziehen. Dir würde
die stehen. Ich möchte dir die jetzt schenken, weil
ich dir damit sagen will: Irgendwie mag ich dich
auch! Dann legte sie mir 'ne ganz teure
Perlenkette dahin und die hab ich heute noch.
(lacht) das war so das erste Mal, also dann bin ich
auch aus der Frauengruppe raus und konnte

sagen: "Ich will da nicht mehr hinkommen." Also ich hab manches als ausgesprochen beängstigend und als Zwangsveranstaltung für mich persönlich empfunden.

R.: Es gab viele solche fundamentale Aktionen. Große pathetische Zeichen. Es war überhaupt die Zeit des Pathos. Was wirklich fehlte, im Unterschied zur frühen Studentenbewegung, so in den SDS-Zeiten, war jede Form von Ironie, ein denkbar unironisches Miteinander. Sehr wenig spielerisch, alles war ausbalanciert, alles war sozusagen auf Einigungsprozessen aufgebaut, aber das man über Umgangsformen lachte und die hochgenommen hat, so eine Art zweite Beobachtung, selbst ironisiert hat, das gab es praktisch überhaupt nicht. Also das war ein pathetischer Akt unter ganz vielen anderen.

M.: Ja, es war vieles dramatisch und ernst und schrecklich. Diese ganze Familiengeschichte mit dem Bruder von H., warum der Bruder bei H. war, was mit der Mutter war, was sich sonst so abspielte, wurde bis ins Detail vor allen ja auch mit diesen ganzen psychischen Prozessen durch diskutiert. Es war irgendwo toll, so, dass wenn wir bei mir in der Wohngemeinschaft waren, irgendwann der Punkt kam, wo wir beide das Gefühl hatten, jetzt müssen wir unbedingt ins Schwabentor, wir verpassen was total

Entscheidendes

R.: Da lief die action. (lacht)

M.: Manchmal sind wir ja geflohen, extra, dann hatte man wieder das Gefühl, wir müssen zurück, irgendwas ist da abgegangen und wir haben das nicht mitgekriegt! (lacht) Meist kam uns im Flur auch schon einer mit schreckens geweiteten Augen entgegen: "Kommt schnell in die Küche!" (lacht)

R.: Wir hatten eine ganz gute Position, weil wir uns ja aufteilen konnten, hier die Action und in M.s Wohngemeinschaft sozusagen die Regression, fernsehen und so'n Scheiß...(lacht)

A.: Gibt es noch weitere solche Situationen ?

R.: Es gab oft so große zeichenhafte Aktionen, wenn eine Diskussion anhielt, dass man sich auf einen Punkt sehr vehement konzentrierte, man zwang sich dann zu irgendeinem Verhalten, dass genauestens zu rechtfertigen war, als könnte man in diesem Verhalten seine ganze Bürgerlichkeit durchstechen, in die Tiefe gehen. Tiefe war absolut gefragt. Oberflächlichkeit oder Kritik war out.

M.: Da wurden ja auch solche Sitzungen einberufen. Da hatte einer was gesagt oder gemacht und dann hieß es so richtig - wie ich mir das aus der bürgerlichen Familie in den zwanziger Jahren vorstelle, wenn heute Abend

der Papa nach Hause kommt, dann geht's los.
Heute Abend haben wir aber hier!!!! Sitzung ,
und dann saßen wir alle da. Dann wurde
irgendein Verhalten von irgendwem – diskutiert.
R.: Aus Verdacht. Es gab so eine allgemeine
Atmosphäre des Verdachts. Wenn jemand was
sagen will, dann muss man bohren, da ist noch
mehr. Man muss sozusagen diesen inneren
Faschisten, den inneren Bürger, raus kitzeln.
Diese Form von Pathos, von Tiefe, man durfte
auf keinen Fall oberflächlich sein, Sachen leicht
nehmen, und das lief zunehmend auch unter dem
Geschlechterdiskurs.
M.: Da waren ja auch die Sachen mit dem
Arbeiten können und Nicht-arbeiten-können. Das
muss man ja auch sagen. Da gab's ja auch viel
Alkohol immer an diesem abendlichen Tisch
dann, da heulte dann ja auch regelmäßig
irgendeiner. Regelmäßig hat irgendeiner geheult
und ich erinner' mich, dass T. wütend dich
(gemeint ist R.) angeschrien hat und gesagt hat:
"Du hast hier noch nie geheult", was auch
stimmte, und ich glaube, du warst der einzige.
Die andern, - du warst ja auch ganz schrecklich ,
du hattest ja auch immer so ein bisschen Spaß
daran -
R.: ..mir machte das schon Spaß, ja.
M.: R. war der ganzen Sache ja auch intellektuell

irgendwie so ein bisschen gewachsen, aber alle andern haben dann auch irgendwann mal geheult, waren aufgelöst, und T. rannte weg, einer rannte hinterher und S. saß am Fensterbrett, so hab ich das in Erinnerung, und H. war außer sich und.....irgendwie ... (zu R.) du hast das irgendwie immer noch genossen, aber sonst hat das keiner.....Na ja, irgendwie haben das alle genossen, aber einer war irgendwann immer richtig fertig.

R.: Es gab natürlich auch relaxte , entspannte Situationen, ihr habt eure Siesta gemacht und dann gemütlich zusammen Kaffee getrunken und alles Mögliche, das war also nicht dieser Dauerstress,

A.: Hatten wir was zu lachen?

R.: Auf jeden Fall nicht als sehr starkes Gefühl. Man hatte nicht das Gefühl, das sei jetzt eine übermäßig lustige Gruppe, das kann man nicht sagen, ironisch schon gar nicht, und selbstironisch schon überhaupt nicht, Ironie wär nicht gut gekommen, da hätte sich sofort jemand verletzt gefühlt, die Sache nicht ernst nehmen, das musste schon alles und jede Äußerung todernst sein.

M.: Aber es war ja der Versuch, - also ich seh das jetzt bei unserer Tochter, die von ihrer WG erzählt: "Ich geh da jetzt hin und dann sitzen die alle da und es ist gemütlich.. da erzähl ich alles.." ...so eine Art Familienersatz, die WG. Das war das ja nicht, obwohl es versucht wurde.

Wir haben da so oft darüber gesprochen, wir haben ja Urlaube gemacht, die wurden von der WG immer als bürgerlich abgetan; wir sind ja nicht mit dem Rucksack durch Südamerika, sondern wir sind mit meinem VW- Käfer nach St. Tropez. (beide lachen). Das war ja schon immer ein bisschen Scheiße, wenn man dann zurückkam, erstens war man lange gefahren und war kaputt, zweitens wusste man ja auch, das war jetzt nicht so ganz der Urlaub, den alle voll geil fanden. Da kamen wir zurück...- das war ja immer so ein Phänomen in Freiburg, man hatte eigentlich zu wenig Geld, aber abends war nie 'ne Flasche Wein da. Da musste man immer abends in ein Lokal gehen und die teurere kaufen, anstatt abends noch irgendwie im Geschäft noch schnell, bei Gottlieb...

Da kamen wir da an und dann kriegten wir eigentlich immer, schon 5km vor Freiburg, Horror, in Lehen, weil wir wussten, was dann kam, H. stand da wie der Übervater, ist ja eigentlich total nett "Kommt mal rein, geh mal einer und hol mal in der Kneipe ne Flasche Wein." R.: Dann setzte man sich zusammen, trank Wein und sollte erzählen. Das war unheimlich zwanghaft, das muss man wirklich schon sagen.

M.: Ja, aber irgendwie war es ja auch nett.

R.: Man durfte schon erzählen, aber diese Form, man wusste ja, eigentlich finden die es nicht gut, man wollte ihnen aber nicht den Abend vermiesen.

M.: Sie wollten schon nett sein.

R.: Sie wollten wirklich nett sein, ja.

M.: Es war immer so halb nicht gelungen. Es war irgendwie toll, aber auch nur so halb..

R.: Das muss man wirklich auch dazu sagen. Die Leute wollten schon zueinander nett sein. Es war schon so, dass die Leute, die sich an die Köpfe kriegten, auch hinterher wieder zusammenkamen, noch mal wieder darüber redeten, wieder mit Tränen....

M.: Das kannte man ja auch irgendwie gar nicht...wir kamen ja alle aus so einer bürgerlichen Ecke, wo man das ja überhaupt nicht kannte, dass, wenn Konflikte da waren, in der Familie und so, das war doch die Zeit, da wurde alles unter den Teppich gekehrt. Das waren ja diese Nachkriegskinder, die wir dann so waren, mit diesen Faschisteneltern. Also ich kannte von zu Hause nur, alles ist unterm Teppich und plötzlich lebst du mit Leuten zusammen, wo alles auf dem Teppich ist. Sobald zwei aneinandergerieten, wurde dann gesagt, pass mal auf, heute abend, da setzen wir uns mal zusammen und wollen mal bereden, warum wir jetzt immer darüber, dass du das Klo nicht putzt, aneinandergeraten..

R.: und da wollen natürlich alle dabei sein

M.: Dann waren alle da und da wurde dann die Analphase , die du mit dem Klo hattest und warum......

Irgendwie war das ja auch unheimlich toll. Das war ja so toll.

A.: Man war ja auch nicht allein mit dem ganzen Scheiß, auch wenn die anderen darüber hergezogen sind, spätestens im Suff hat man sich wieder verbrüdert..

R.: Das ist wirklich erstaunlich, trotz dieser harten Geschütze, die aufgefahren wurden, gab es eigentlich keine dauerhaften Feindschaften. Man hat sich immer wieder vertragen.

A.: Nicht so wie mit dem KBW, die einen nicht mehr mit dem Arsch angeguckt haben..

R.: Auch nicht wie in der Familie..

A.: Wo dann so eine Sprachlosigkeit herrscht..

R.. Ja. Es ging immer wieder so und man hatte schon das Gefühl, man gehörte wirklich zusammen. Das merkte man am meisten, wenn jemand Neues reinkam.

A.: Erinnert ihr euch daran, dass einmal das Schwabentor besetzt wurde?

R.: Nein. Ich erinnere mich nur an eine Besetzung. Ich hatte ja das Riesenzimmer eine Zeitlang, gegenüber von der Küche, wo du dann mit S. gewohnt hast. Da gab's ne ganz lustige Geschichte..

Da kamen M. und ich abends ganz spät, ziemlich betrunken nach Hause, wollten nur noch ins Bett fallen. Es war ganz leise, komischer Weise, man hörte nichts, wir wollten so richtig nur darein stolpern und pennen und rissen dann diese große Flügeltür des Zimmers auf. Da starrten uns ungefähr 50 ärgerliche und erboste Frauenaugen an, die da einfach in unserem Zimmer tagten. Sie waren auf der einen Seite schuldbewusst, weil sie einfach das Zimmer besetzt hatten als Tagungslokal, und auf der anderen SeitE. weil sie wussten, sie hatten Schuld, auch ärgerlich.

M.: S. war das ganz peinlich. Sie sagte dann: "Ich dachte, ihr schlaft bei M.."

R.: Die guckten auch wirklich böse, und wir sind dann so rückwärts wieder raus getaumelt: "Lasst euch nicht stören."

M.: "Tschuldigung"

R.: Also das war so die Mischung von privaten und öffentlichen Räumen, die gelegentlich stattfand. Aber es war eher hinterher ganz lustig.

M.: Aber es passierte ja auch so viel gleichzeitig, weil man die ganzen Biographien von den anderen noch so halb mitkriegte, weil ja so viel Persönliches auch aufgedeckt wurde, S. ja damals mit diesem deutlich älteren Freund, T. mit dem deutlich älteren Freund, das wurde diskutiert. Wie ist das mit diesen verheirateten Unitypen und was da alles so gleichzeitig ablief. Leute, die verheiratet waren, die da drin hockten, obwohl man damals total gegen Ehe war, und dann H., der plötzlich seinen Bruder mit reinbrachte, da gingen ja so gleichzeitig Ungleichzeitigkeiten los.

R.: Oder die verschiedenen Lebensformen, die dann plötzlich nicht mehr zu harmonisieren waren, die Doktoranden, die nachts geschrieben haben, die danach noch gesoffen haben, morgens ins Bett gingen, wenn die Lehrerinnen aufstanden und so, das gab natürlich schon Friktionen.

M.: Da hat S. doch einmal morgens - da war doch so'n Holztisch bei euch in der Küche - und dann hatten wir, da waren wir auch sehr rücksichtslos, abends da gehockt, geraucht wie die Weltmeister, Karten gespielt und alles, und alles stehen lassen - und dann ist S. ja da morgens rein und hat das alles runter geschubst - so, und da lag die ganze Scheiße kaputt auf dem Boden in der Küche.

R.: Die andere Situation, die du erzählt hast, mit C. und I., da erinnere ich schon, dass S. und H. so eine Überich -Funktion hatten, das kam bei allen nicht besonders gut an. G., und ich auch, fanden es ein bisschen anstrengend.

M.: Ich fand nur H. anstrengend.

89

A.: Die haben dann ja auch zusammengehalten.

R.: Die waren schon am meisten daran interessiert, dass das Ding läuft.

.....

M.: Das war ja bei euch in der WG im Gegensatz zu unserer WG ein furchtbares Theater mit den Schreibschwierigkeiten. Bei uns saßen vier Leute und die haben halt gearbeitet und da ging keiner in die Küche.....Ja gut, da kamst du auch mal in die Küche, "Mir fällt nichts mehr ein, ich kann nicht mehr weiter, so'ne Scheiße!" Dann gingste wieder zurück und dann ging es wieder weiter. Das waren ja bei euch abendfüllende Themen. Wer wie arbeitet und nicht arbeitet und so, das war ja ein Streßding bei euch! R. wurde es ständig vorgeworfen.

R.: Von S. wurde es uns vorgeworfen, dass wir gut arbeiten konnten, dass wir in jeder psychischen Disposition arbeiten konnten. Das war ein dicker, fetter Vorwurf.

M.: So unsensibel! (lacht)

R.: Aber irgendwie hat uns das überhaupt nicht gestört.

M.: Auf jeden Fall wurde da Abende lang diskutiert.

A.: Ihr ward einfach irgendwie zu gesund!

R.: Das hat uns nicht behindert. Man konnte solche Diskussionen führen und sich hinterher an den Schreibtisch setzen und fertig.

A.: Also die Norm wäre gewesen, ihr müsstet eher krank sein.

R.: Das war ja sowieso die Basisideologie. dass nur die Kranken, Verrückten, die Borderline -leute, Schizzis - der Wahrheit näher waren, alle anderen waren angepasst und unwahr. Das war die Basisideologie.

M.: Wer nicht gesellschaftlich krank wird, ist der Wahrheit entfernt.

R.: Das war so.

A.: Was mich noch so interessieren würde, diese Art von Rebellion, die da so aufkam, in den Sechzigern, könnt ihr das so für euch sagen, irgendwie so eine Art von Empörung oder so, wie das so entstanden ist, oder woher das so kam? Ich war ja eher unpolitisch, hab die Wasserwerfer halt gesehen und hab das alles mitgekriegt, ich war auch eher ängstlich , jedenfalls hab ich da nie mitgemacht, könntet ihr so sagen, wie das gekommen ist bei euch?

R.: Die erste Erfahrung war eigentlich viel früher, das kann ich heute noch nicht verstehen. Da waren wir noch Schüler, da gab es in Köln eine Demonstration, da wurden bei der Straßenbahn die Preise erhöht. Die wurde vom Asta , der war damals vom RCDS besetzt, organisiert. Eine ganz normale Demonstration gegen

Fahrpreiserhöhung. Lange, bevor es überhaupt losging. Plötzlich war man dabei als Schüler. Und plötzlich, kein Mensch weiß, wieso eigentlich, eskalierte eine für damalige Verhältnisse ungeheure Gewalt. Das war die Zeit, wo diese Entwertungsautomaten eingesetzt wurden. Da stürmten Leute herein, die haben diese Automaten raus gerissen, andere, die hatten flüssiges Blei und gossen das in die Straßenbahnschienen, wirklich aus dem Nichts. Ich fand das unheimlich faszinierend, diesen Ausbruch aus der ganzen Biederkeit, dieser Enge. Wir haben mitgehalten, wie wir konnten, noch so ein bisschen ängstlich als Schüler, wir hatten auch keine Erfahrung damit.

Irgendwas hat sich da geöffnet, es war ja Adenauerzeit, Enge, miefig, da hat sich so richtig ein Speicher aufgetan. Die 50er und frühen 60er Jahre haben einen ja eingeschnürt wie ein Korsett, so als die Musik, als Elvis kam, amerikanische Musik, das war eine Befreiung. Das hab ich wirklich körperlich empfunden. Das waren, glaub ich, Ausdruckformen gegen die Vergangenheit, die Zustände an der Universität, dass man sich da sozusagen ein Motiv gesucht hat, man war dermaßen gedrückt, bei mir war das jedenfalls so.

M.: Bei mir war das ganz anders. Ich hatte ein ganz konservatives Elternhaus, Vater in der schlagenden Verbindung, Mediziner, Franz-Josef Strauß -Anhänger, und ich hab schon mit 14 Jahren heftige Diskussionen mit meinen Eltern über das Dritte Reich gehabt. Alles war protestantisch, mein Vater ist im Dritten Reich aus der Kirche ausgetreten. Ich hab die ganze Zeit gegen meine Eltern auf der moralinen Schiene gekämpft. Ich fand alles schlimm, was die übers Dritte Reich gesagt haben, fand alles schlimm, was die über Politik gesagt haben. Meine Eltern sagten dann immer "Wird erst mal erwachsen, ehe du über so was redest." Immer so'n Scheiß, so abgespeist, und da kamen auf der moralischen Schiene immer so Sachen, ich hatte einen Freund, der stotterte und das war Scheiße, das war nicht gesund, da kamen dann immer so ihre Gedanken über Gesundheit und Volksgesundheit usw. , also ich hab mich meinen Eltern gegenüber immer überlegen gefühlt, immer 'nen Hass auf die gehabt, aber ich hab im ersten Semester DM gewählt, das war die Demokratische Mitte, das war 'ne ganz rechte Organisation. Ich hab immer die CDU gut gefunden oder so, mein Freund, der war adlig, in der schlagenden Verbindung und so, ..ich war ja ganz auf der Schiene der Eltern. Der hat mir ein Buch gegeben, das gibt's ja heute noch, "Deschner, die Verbrechen der Kirche", oder so ähnlich, "Kriminalgeschichte der christlichen

Kirche", und das hab ich gelesen, da stehen so
Sachen wie Hexenverfolgung und diese üblichen
Sachen, und das war ganz komisch, als ich das zu
ende gelesen hab, hab ich gesagt, ich gehe jetzt
mal in so eine SDS Versammlung, ganz komisch,
ich will jetzt mal Leute hören, die etwas ganz
anderes sagen. Als ich dann meinte, im SDS zu
sein oder auch war, da liefen die Diskussionen
mit meinen Eltern immer auf der moralischen
Schiene, immer hab ich so gesagt, z.B. "In der
DDR ist es bestimmt viel besser als bei uns, weil
die Leute zusammenhalten", oder: "Der
Kapitalismus ist Scheiße weil die Leute in
anderen Ländern deswegen hungern."
Ich würde heute sagen, das war so eine
protestantisch moralische Schiene auf der ich da
so hingekommen bin.
A.: Vielleicht nicht nur protestantisch moralisch,
Kinder denken ja auch manchmal so, sind einfach
einfühlsam mit Ärmeren oder so.
M.: Da kam auch diese ganze Wut dazu, über das,
was sie über Gesundheit dachten und so. Für
mich war ja die größte Befreiung die
Beschäftigung mit Psychoanalyse, mein Vater war
ja körperlich krank und meine Mutter psychisch,
die hatte nämlich Depressionen, aber, diese
faschistische Vorstellung von Gesundheit, die
wurde überhaupt ganz hoch gehängt. Die hatten

94

einen Sündenbock, der war nämlich völlig krank, das war ich. Als es in der Studentenbewegung losging, dass Dinge problematisiert wurden, dass die Kranken recht haben, das, was einen krank macht, da hab ich Freud verschlungen. Ich hab überlegt, Psychologie zu studieren, das war die Befreiung. Da fing das dann an, dass ich Langhaarige nicht mehr schmierig und dreckig fand

Und ich fand es eine Befreiung, mich in solche Männer verlieben zu können. Hab ich noch neulich meiner Tochter erzählt. "Als ich mit dem Studium anfing, fand ich blond und blauäugig und groß und stark gut. Das war der Arier schlechthin. Dass ich das alles ablegen konnte, hab ich als so befreiend empfunden von den Ideen, die da so im Elternhaus gezüchtet wurden, die mir aber immer als verlogen vorgekommen sind, waren ja auch verlogen. Das merkst du ja auch als Kind.

A.: Mein Vater war im Krieg verwundet worden und hatte ein Bein verloren. Er hatte oft Schmerzen. Sogenannte Phantomschmerzen. Er war auch autoritär und oft schlecht gelaunt, aber du wusstest nicht, ob das eine Folge des Krieges war oder nicht. Außerdem haben wir uns nicht getraut, ihm zu widersprechen, um ihn zu schonen.

R.: Das war ja eher so ein Typ. Mein Vater war z.B. im KZ, er war sozusagen politisch "korrekt" . Trotzdem war da diese Form des Einschnürens, aber man konnte ihm wirklich nicht mit dieser Art von Vorwürfen kommen.

M.: R.s Vater war der Mann, den ich mir zum Vater gewünscht hätte. Der war ein Intellektueller, fand ich ja immer toll, nicht so doofe Mediziner-Eltern, der war im KZ als politisch Verfolgter. Der hat sich korrekt verhalten im Dritten Reich. Wahnsinn! Ich hab immer gedacht, solche Männer gibt's gar nicht.

A.: Was war das Korsett?

R.: Der hat einen individuellen Wahnsinns - Versuch gemacht, das Dritte Reich zu stürzen, das war wirklich klasse. Er war Journalist, erst im spanischen Bürgerkrieg und alles Mögliche, hat wirklich ein ziemlich spannendes Leben gehabt. Er war in so einer deutschen Übersee Nachrichtenagentur, die waren relativ frei, auf der einen Seite Sprachregelungen unterworfen, auf der anderen Seite sollten sie laut Goebbels eine seriöse, solide Nachrichtenagentur für die ganze Welt darstellen, das, was in die Welt ausgestrahlt wurde. Die fühlten sich auch sozusagen überhaupt nicht dazugehörig, hatte eine ziemlich große Verachtung gegenüber dem Nationalsozialismus, so ein bisschen auf links elitäre Weise. Er kam auf die Idee, eine Nachricht nach England zu senden, um die Engländer zum frühzeitigen Eingreifen zu bewegen, weil Hitler Differenzen mit Generälen seiner eigenen Armee hatte. Diese Nachricht hat er herausgegeben. Die Engländer haben sich vorgestellt, dass es eine fingierte Nachricht von Goebbels sei, haben lange darüber sinniert, was das sollte, es hat also überhaupt nichts genützt, hatte aber den Effekt, dass er sofort vor den Volksgerichtshof kommen sollte. Weil sein Onkel ein Wehrmachtsgeneral war, konnte er ihn sozusagen verschwinden lassen im KZ. Das war seine einzige Chance. Er war dann in Bergen-Belsen und ist dann zur sogenannten Frontbewährung entlassen worden, von einer Front zur nächsten geschickt und hat dann zufällig überlebt. Er ist dann in Rußland angeschossen worden, aber als Antifa Mann sofort freigelassen worden, hat sich dann auf abenteuerlichste Weise durchgeschlagen, konnte dann aber relativ schnell zum besetzten Rundfunk kommen nach Hamburg. Die Engländer haben den NWDR gemacht und er konnte die politische Redaktion übernehmen als Verfolgter des Naziregimes. Er war dann später auch Sozialdemokrat, in der Humanistischen Union, amnesty international usw.

Auf der anderen Seite war er völlig versteinert. Er

kam aus einer sehr bürgerlichen Familie, mein Großvater war Chefredakteur der Münsterschen Zeitung, und hatte seit seiner Jugend unheimliche Schwierigkeiten mit Beziehungen zu Menschen, auch zu seinen Kindern.

M.: Der war ja auch mal im Schwabentor.

R.: Als ich 12 war, haben wir uns mal über Schiller unterhalten. Es war überhaupt keine Kommunikation.

Obwohl, mein Vater fand Freud klasse, er fand's toll, dass wir linke Politik gemacht haben. Der hat uns mitgenommen in seinen republikanischen Club als Vorzeige -Linke, im Grunde fühlte man sich hinterher so ein bisschen missbraucht. Ich hab also auch einiges getan, um ihn zu provozieren. Er war im WDR ein ziemlich hohes Tier und ich ging in der Zeit barfuß, mit Felljacken. Wir sind dann in Köln ins teuerste Café gegangen und haben Kaffee getrunken. Da hat er uns richtig zur Schau gestellt, eine Form von "repressiver Toleranz", die irgendwie fürchterlich war. Er war uns ständig überlegen.

M.: Er war wirklich ständig überlegen. Aber ich hab den bewundert.....

R.: Man fühlte sich funktionalisiert. Als wir dann gemerkt haben, dass wir vorgeführt wurden wie Affen, also richtig stolz, da sind wir nicht mehr hingegangen.

Das war extrem beklemmend. Daher auch die Vorstellung, dass man durch Rock'n Roll und Gewalt 'rauskam aus dem ganzen Kram, was argumentativ ja gar nicht ging.

....

R.: Um noch mal auf das Schwabentor zurückzukommen, da war ja die Arbeit ein wirklicher Fetisch. Wenn zwei Leute sich zusammensetzten um etwas zu lesen, was kein Schwein interessierte, aber man exzerpierte und nannte es Arbeit.

M.: Beziehungen wurden immer erarbeitet.

R.: Es war ein absolut protestantisches Arbeitsethos.

M.: C. arbeitete ständig an irgendwelchen Beziehungen.

R.: Das musste alles anstrengend sein. Wehe, es war nicht anstrengend. Da kriegte man ja richtig Muskelkater. Wenn man mal Arbeit als Leistung mit input und output vergleicht. Was für ein Riesen Berg, der eine Maus herausbringt.

M.: Trotzdem war das ja 'ne tolle Zeit.

A.: Man war immer nah dran am Geschehen, am Leiden, Fühlen und so. Man hat auch gedacht, man schafft das nochmal, kriegt das jetzt hin, dann wird doch noch mal alles anders...

R.: Das, was passierte, passierte in der Schwabentorstraße, über diese Blackbox ging gar nichts hinaus, das war

A.: Der Nabel der Welt.

M.: Aber wenn du das vergleichst mit Leuten, die dein Alter haben und hier so aufgewachsen sind, die haben den Eindruck, dass man selber einen Horizont hat, der enorm ist, weil man sich doch mit sich selber beschäftigt hat, mit andern Menschen und man hat gelitten, aber es ist trotzdem toll gewesen.

A.: Auch wenn ich das mit Hamburg vergleiche, da gab es auch Kämpfe, aber irgendwie kälter, im Schwabentor ging es immer hart an die Substanz. Da gab es ja auch so eine Lust am Leiden. Man kann das auch Pathos nennen..

R.: Ja, man war entweder maximal lebensfähig oder nicht lebensfähig, dazwischen, das normale Leben, das gab's nicht.

P. und E. 17.9. 2000 Sonntag 19.00Uhr

E.: Was ich aus der Zeit erinnere, ist das Prozess-
Essen. Ich war in der Reiterstraße gerade
ausgezogen, hatte mich in die Immentalstraße
geflüchtet, war gerade mit P. zusammen, daher
kann ich es von daher rekonstruieren. Im Januar
von irgendeinem Jahr, das muss 1973 gewesen
sein, hab ich einen Brief von der Kripo gekriegt,
eine Vorladung. Die Vorladung hat E. gebracht. P.,
war das 73, als wir in der Immentalstraße im Exil
waren?
P.: 73, ja.
E.: Wir haben uns Ende 72 zusammengetan?
P.: Ja.
E.: Es dauerte eine Weile, bis der Prozess losging.
Auf jeden Fall war die sogenannte Straftat, die
wir natürlich nicht begangen hatten, die war im
Januar, es war nämlich scheiß kalt.
Als die Prozesse dann liefen, da haben wir uns
dann immer zum Mittagessen im Schwabentor
getroffen. Olenhusen mochte keine Innereien, das
weiß ich noch. Man hat überlegt, was kocht man,
man wollte ihm ja auch gefallen, und Innereien
war nicht.
A.: Habt ihr da auch gekocht oder wurde immer
für euch gekocht?

E.: Ich glaub, ich hab da nie gekocht.

P.: R. und H. waren diejenigen, die ....

E.: Dazu muss ich sagen, dass H. sich oft seiner Kochpflicht entzogen hat, indem er halbe Hähnchen für die ganze Mannschaft besorgt hat. Dann weiß ich noch, dass die Männer in der Küche gesessen haben und Gelage gefeiert haben und ihr wart sauer, wenn am nächsten Morgen der Tisch nicht aufgeräumt war, weil ihr in die Schule musstet.

Diese Zweiteilung ist mir noch geläufig. Die Männer haben wissenschaftlich gearbeitet und ihr habt den Schotter verdient, ihr musstet früh aufstehen, die anderen konnten saufen. Dann gab's irgendwann mal ein Donnerwetter, dass morgens der Tisch sauber zu sein habe und ihr habt die Leute um Rücksicht gebeten.

T.: Das war bestimmt S..

E.: H. hat Schach gespielt mit St.. Das Gehirn waren die Männer. Ihr Weiber hattet so tolle Nickis, da waren gerade Nickis modern, alle waren scharf auf Nickis, die man gekauft hat oder auch nicht gekauft, jedenfalls waren die da, die hattet ihr alle in einem Regal im Flur zusammengelegt, es durfte jede jeden Nicki anziehen und ich war ganz neidisch - ich war ja immer nur zu Besuch da - wie viele Nickis es in dieser WG gab

T.: Da kriegten wir doch noch so Schwierigkeiten mit S., die total sauer war, weil wir alle Klamotten zusammen geschmissen hatten, und wir hatten alle Kleidergröße 36/38 , und es hat sich sozusagen zwangsläufig ausgeschlossen, dass sie mitmacht, weil die Sachen ihr nicht passten. Sie war wahnsinnig sauer.

E.: S. hat sogar selber genäht. Hat ihre Schwester in der Zeit geheiratet? Ich weiß es nicht. Zu irgendeiner Hochzeit hat sie sich jedenfalls einen langen, wattierten Rock genäht, unvergessen, so was!

Und ich nehme an, dazu hat sie den Schmuck getragen, den ich gestern getragen hab. Also, diese Dinge waren das, mit den Frrrrauen, näh, und die Männer haben den intellektuellen Diskurs beherrscht.

P.: R. und H., ja. Die beiden haben ein Benjamin-Papier gemacht zu den geschichtsphilosophischen Thesen. Da konnte man mitdiskutieren, wenn man das Gesamtwerk von Benjamin gelesen hatte. Das war die Grundlage ihrer Arbeit.

A.: Das sollte man dann parat haben.

P.: Ja. Genau.

E.: Ich war so ein bisschen Schülerin von denen. Ich hab mit R. und H. ein Alternativseminar zu Kaiser vorbereitet.

Wir sind dann immer in das Seminar gegangen

und haben gesagt, wir müssen erst mal Geschichte machen und wahrscheinlich Klassenkampf und sonst was und der Kaiser war immer unendlich genervt. Ich trug damals einen schwarzen Hosenrock von meiner kleinen Schwester, der ging irgendwie kurz übern Arsch, dazu gelbe Strumpfhosen, wahnsinnig, und Kaiser hat immer irgendwelche dummen Bemerkungen gemacht. Irgendwie hat er gesagt, wir könnten das ja alles mal abtippen und ich hab gesagt: "Ich bin nicht Ihre Sekretärin", aber alles unter Anleitung von R. und H., ja und H. St.

A.: Das waren sozusagen ältere Semester?

E.: Ja, und haben hoffnungsvolle Leute wie mich sozusagen ein bisschen betüttelt. Ich erinnere mich, dass ich ganz viel in H.s Zimmer gesessen hab, sozusagen für diese Arbeit und zum Quatschen natürlich in der Küche.

A.: Weißt du noch, wie das Zimmer aussah?

E.: Viele Bücher, der Ledersessel, dieses Bett, ich weiß sogar noch ein Bild an der Wand, dieses Schachbrett, von oben aufgenommen, so ein impressionistisches......mit einer bestimmten Atmosphäre so........ doch, doch, das weiß ich alles noch... Und ich erinnere mich auch noch an eine schöne Fête, ...

Dass da wild getanzt wurde, dass Gläser zu

Bruch gingen, dass P. barfuß durch die Scherben getanzt ist und sich nicht einmal geschnitten hat, S. mich anstieß und sagte: "Hey, wie hältst du das mit dem Mann aus, ist manchmal schwierig, was ?" (alle lachen)

Das weiß ich noch ganz genau. .... Verwegene Gespräche mit S. weiß ich noch, wo wir unsere Haare...... einfach dabei eine Haarsträhne abgeschnitten haben und sie uns hierhin geklebt (zeigt auf ihre Oberlippe) haben unter irgendwelchem Einfluss von etwas viel Alkohol. Das Foto gibt' s übrigens auch irgendwo noch, in so einer losen Kiste.

A.: Weißt du noch, worüber ihr so geredet habt?

E.: Das war dann vielleicht schon in der Phase, als H. und S. anfingen mit Karate. Die wollten dann immer raus ...... sie haben Silvester gefeiert in der freien Natur, Lagerfeuer machen und so.... H. war ja immer ziemlich hart drauf

P.: Das war toll, da haben wir mal mit den beiden, also wir vier in Ihringen oben auf den Weinbergen eine Fete gemacht, mit Feuer und richtig lange bis morgens..... und ganz viel Wein, und dann hat H. so eine "kata" heißt das, glaub ich, so'n " Haah, so'n haaaah" (alle lachen)

E.: eine ganze Bewegungsabfolge...

P.: " Aaaahh ..und aahhh!" Das war ganz ganz toll! (lacht)   An dem Abend und in der Nacht, genauer gesagt, hab ich fliegen gelernt, da konnt ich plötzlich fliegen!

E.: Stimmt!

P.: Wirklich, ich konnte echt fliegen, über diese Büsche hinweg, ganz toll. Es war eine richtige Levitation, war es.. . das ist wirklich wahr!

E.: Kaiserstuhl war überhaupt so ein bisschen kultig, ich war zwar nicht so oft da wie M. oder S. oder auch mit U., aber ich weiß noch, dass ich mit S. da irgendwo lang gestiefelt bin...da waren auch noch andere dabei, ich erinnere mich nur an S.... und wir waren auch ein bisschen beschickert und da sahen wir ganz unten an so einem Steilhang, da lag irgend so ein Stück Glas, das wir versucht haben zu treffen. Und dann hab ich so getan, als hätte ich es getroffen, machte dies Klirrgeräusch nach und in dem Moment treff ich wirklich. Dann hab ich einen Lachkrampf gekriegt, unvergessen, weiß ich noch.

P.: (flüstert) destruktive Energien...

E.: Es war offensichtlich auch mit Ausflügen verbunden. R. Z. fuhr zusammen mit C. einen grünen Peugeot. Einen Peugeot, den es heute nur noch ganz selten gibt, so einen eckigen..

R. fand ich wahnsinnig schlau aber ein bisschen unverständlich,

T.: Ja, ging mir auch so, aber ich fand immer, ist interessant.

P.: Für mich waren S. und H. der Hauptbezug zur Schwabentorstraße.

E.: Und in der Zeit waren wir mit S. und H. in Paris.

T.: Und als ihr wiederkamt, hatten I.und C. den Aufstand probiert gegen die Eltern....
Erinnert ihr das?

P.: Das hab ich nur gehört. Genau.

T.: I. hatte 'nen Rochus auf H. und S., und für C., der an der Aktion genau so beteiligt war wie H. und S., war das 'ne klare Geschichte gegen die Elternschaft sozusagen von H. und S..

P.: Die waren dominierend, glaub ich.

T.: Ja, und wahnsinnig sauber.

P.: (ungläubig) Die waren so wahnsinnig sauber?

T.: Ja. H. und S..

P.: War nicht mein Eindruck.

T.: Immer wenn wir irgendwelche Leute zum Essen eingeladen haben, die wichtig waren, dann hat S. die Losung ausgegeben, dass wir erst mal den Tisch schrubben müssen, das werde ich nie vergessen.
Richtig mit Ata und der Bürste.... auch wenn ihre Eltern kamen..

A.: Dann die ganze Wohnung, dann wurde die ganze Wohnung gewienert.

E.: Das hab ich nie mitgekriegt.

T.: Das war furchtbar.

E.: F. und G. sind noch gar nicht vorgekommen, die hab ich auch da wahrgenommen, klar. F., als 'nen ganz Lieben, man hat immer darüber gelacht, wie G. ihren F. betüttelt, die hatten irgendwie so ein Mutter-Kind Verhältnis, irgendwie so in der Art, sie hat ihm immer was gekocht, so'n Breichen, darüber hat sich H. aufgeregt.

T.: Das kann ich gar nicht mehr erinnern.

A.: Vielleicht hast du F. dort gar nicht mehr erlebt?

T.: Natürlich hab ich ihn erlebt. Ich musste ja eine Aufnahmeprüfung machen.

A.: Und? Worin bestand die?

T.: Fragen, von allen, auf die richtige Weise antworten.

E.: S. war nobel eingerichtet, die hatte einen Flügel in ihrem Zimmer..

A.: ein Klavier.

E.: ..oder ein Klavier, und dann hatte sie Möbel, die nicht gerade Wohngemeinschaftsstil waren, so Biedermeier - Stühle.

Ja..74/75, da hab ich mich auf's Examen vorbereitet. 75 hab ich Examen gemacht. Das war übrigens auch die Zeit vom Kino Aspirin.

P.: Das war die zweite Phase von Aspirin, die wir mit J. gemacht haben. Die anderen, also M. und T., die waren weg, die haben nicht mehr mitgemacht.

A.: Erinnert ihr euch noch, welche Filme euch am meisten beeindruckt haben?

E.: Z.B. "Stunde der Hochöfen" "La hora de los hornos"...

P.: Das war ein argentinischer Film, Industrialisierungsgeschichten

E.: Dritte Welt... Dann die drei Lucias

P.: Wahnsinnig schöne Filme... Diese Sache mit der Machete, das ist, wo die Machete entwickelt wird industriell in den Zentren von Kuba irgendwo als ein Instrument zum Zuckerrohr abschlagen, und dann sieht man Geschäftsleute da sitzen und sagen: "Ach, wie wunderbar das in der Hand liegt ..", aber die machen ganz was anderes damit, denn die vertreiben die Spanier damit, die erste Schlacht gewissermaßen. Die Spanier mit Rüstungen und die Campesinos mit der Machete.

T.: Dann gab es auch die vietnamesischen Filme..Das hat mich auch wahnsinnig beeindruckt, weil das Montage-Filme waren.

P.: Ja, Godard z.B. ...".Ici est ailleurs"

T.: Ja. Genau.

P.: Und Nestler.

E.: Dokumentarfilm

T.: Ja. Klar. Über eine Zwergschule in der Schweiz.

E.: Oh ja, ganz toll.

P.: "Die Lehrerin ist eine Schöne!" (lacht)

A.: Chinesische Filme erinnere ich noch.

T.: Ja, über einen Staudamm, wo S. heftig darüber nachgedacht hat, ob das jetzt im Sinne der Massen ist oder nicht und was das mit der Umwelt macht.

E.: Aber auch so etwas wie "i corvi" oder so... war das nicht Pasolini? Aber es gab auch "le jour se lève" über Volksfront in Frankreich, nicht nur dritte Welt oder so.

A.: P., was war für dich das Schwabentor?

P.: Ich war in S. verliebt!

T.: Echt? Geahnt hab ich das immer.

E.: Empörend!!

P.: Schwabentor war für mich die erste große organisierte Wohngruppe. Ich kannte vorher die da in der Fischerau.

E.: Immental kanntest du auch.

P.: Ja, Immental. Aber die waren in so einem Zwischenstadium. Sie waren eigentlich zerfallen. Als ich aufgenommen wurde in der Immentalstraße, hat sich schon gezeigt, dass es nicht mehr funktionierte. Das Schwabentor fand ich offen, ein Forum gewissermaßen, war mein Eindruck, als ein Forum etabliert, die haben alle zusammen so Sachen verhandelt, so in der Art. Das fand ich ganz beeindruckend.

A.: Worüber wurde so geredet?

E.: Ständig über Politik, aber auch über Privates. S.s Problem war die große Eifersucht, dass sie älter war als H. und dass man ihr immer unterstellt habe, sie hätte 'nen Wahn, es stellte sich heraus, dass es kein Wahn war, als H. es mit I. hatte oder so. Das hab ich stark in Erinnerung. S. hat ja auch wirklich gelitten.

T.: Das war auch furchtbar.

E.: Wichtiges Thema in bezug auf S. und H. war die Herkunft, H. kam aus kleinbürgerlichen Verhältnissen und S. aus großbürgerlichen , und ich hab mit H. häufig darüber räsonniert, wohin das führt, und das war für mich die Basis, mit H. auszukommen. H. hat sich dieser Sache, finde ich, ganz gut gestellt. Für ihn hieß es, das einem die Dinge nicht so zufallen, dass man ziemlich strampeln muss, um das zu erreichen, was Leuten wie S. eher serviert wurde. Heute ist ja kein Mensch mehr aus solchen Verhältnissen, sie hat sich ja fast dafür geschämt.

H. hat immer von seinem kleinen Bruder erzählt, der ja eine Zeitlang bei euch gewohnt hat, so als Experiment.

T.: Der wollte immer Forellen in der Dreisam angeln.

E.: Bei H. hat mich immer dieses Mackertum irritiert, Der fuhr so Auto, so ruppig, aber er stand dazu.

P.: Das stimmt. Als wir nach Paris fuhren,..

E.:.......musste ich immer kotzen..

P.: ...uh, mir ging's auch immer ganz schlecht. Er fuhr gräßlich, irgendwie.

E.: Wir waren als Paar mit denen 'ne Zeitlang zusammen..

P.: Ja, 'ne lange Zeit. Wir wohnten ja schon in der Jakobistraße. Da ging dann auch die Jakobistraße in die Brüche. Da gab's großen Zoff irgendwie. Wir hatten dann auch die Nase voll und wollten ausziehen. Dann zogen aber alle aus und A. und I. kamen.

E.: Da ist dann vielleicht noch eine Episode bemerkenswert. Das war dann schon die Phase als die Frauenbewegung eingebrochen war in das Schwabentor. Erstens hat S. dann mal eine dezidierte Einladung nur an mich, nicht auch an P. ausgesprochen,-da hat sie dann separiert-, ihr Zimmer anzugucken, oben. Dann hat sie mir eine Platte vorgespielt von C., Lesbenmusik.

Das zweite war, als ich Examen hatte und das läßt sich ja nun genau datieren, nämlich, da haben wir eine große Fête gemacht in der Jacobistraße, da war S. eingeladen, kam, und begrüßte mich ganz streng mit "Frau W." und hat mich verachtet, weil ich mit einem Mann liiert war, dem Mann (lacht), der "sie liebt".

Aber verdammi, wir waren doch da noch gar
nicht verheiratet, wie kann es denn sein, dass sie
mich mit Frau W. begrüßt hat?

P.: Sie wollte dich strafen, irgendwie sie hatte da
so eine neue Erfahrung...

E.: Eine Zeitlang war sie da mal ziemlich zickig,
später hat sie sich dann dafür entschuldigt und
hat die Sachen dann nicht mehr ganz so eng
gesehen.

P.: Das erinnere ich noch unter dem Stichwort,
Angst der Männer vor den Frauen, und ich sagtE.
"Oh S., ich hab solch eine Angst, irgendwie..."
"Doch nicht vor mir," hat sie gesagt "ich gehör'
nicht zur Schwanz-ab -Fraktion" (Alle lachen.)

T.: Wie war das denn, als wir den Artikel in der
Stadtzeitung geschrieben haben: "Gestatten, das
ist Hans und das ist seine Frau.."?
"Jetzt heiraten sie wieder." Den Artikel hatten wir
zusammen geschrieben, S. und ich, und dann in
die Stadtzeitung lanciert. Wir mussten dazu bei
der Stadtzeitung einbrechen, weil die den Artikel
nicht haben wollten, und da wir fanden (kichert),
dass er von äußerster politischer Bedeutung sei,
sind wir einfach in eine Redaktionssitzung rein
gestiefelt, haben den in eine Seite ein montiert
und kein Schwein hat's gemerkt.(lacht)

E.: Ja das war das mit der Frrrrauenbewegung
und meiner Beziehung zu meinen Mann, ich soch

jetz nur Beziehung, denn ob das Liebe wor.... (alle lachen)

Dos will ich jetz nich mehr ....

P.: (grinst) dahingestellt sein lassen..

E.: (lachend, gespielt ernst)...wenn er ständig von annern Frauen phantasiert jedenfalls....

T.: Schock!

A.: Trauma!

P.: Oh, gestern hat mich eine geküßt!!!

A.: Jetzt fängt er schon wieder an!

T.: Wen? Du Chauvi!

P.: (stolz) Mich! Mich hat eine geküsst, na, stell dir mal vor!

E.: Jetzt lass das doch mal, deine Erfolge bei den Frauen!

P.: Liebes! Entschuldigung!

E.: Also über die Frauenbewegung hab ich durch S. F., Fusel, wie wir sie zu nennen pflegten, erfahren. Das war eine schreckliche Begegnung insofern, als sie sagte : "Pass auf, dir steigt bald die Frauengruppe aufs Haupt, weil du dich" Ich hatte mich gerade mit P. zusammengetan, "mit einem verheirateten Mann eingelassen hast. Das stärkt das Patriarchat. Irgendwann werden die dir mal den Marsch blasen.

P.: In S.war ich auch mal verliebt, wirklich.

E.: Jetzt hör doch mal auf mit deinen ganzen Lieben!

Jedenfalls hab ich gedacht: Diese ganze
Frauenbewegung! Da hab ich gedacht: Solche
sind das also! Ging mir wirklich, wie man heute
sagen würde, glatt am Arsch vorbei. Das fand ich
schon furchtbar. Und dann hab ich gesehen,
welche Frauen sich auf die Frauenbewegung
besinnen, und das ist jetzt bitter für die
anwesende T., das zu hören, bitter auch für S.,
wenn sie es noch hören könnte und auch bitter
für F. H., die ja an der Spitze der
Frauenbewegung war. Das waren sämtlich
Frauen, die ich, wie ich rückblickend sagen
möchte, nicht in besonders gleichberechtigten
Beziehungen erlebt habe und die im
nullkommanix, also besonders F. H., also fand ich
ziemlich duttchenmäßig, wie ich sie mit P. Sch.
erlebt hab, im nullkommanix besannen auf ihre
Unterdrückung und wollten mich anspitzen, wie
ich mich emanzipiert zu verhalten habe und
bestrafen und züchtigen.
T.: Nee, das stimmt so nicht, ich hab das nicht
gemacht. Ich hab ja die Unzucht sogar gefördert.
E.: Das ist richtig. Ich erhebe mein Glas auf T..
P.: Das was T. uns angetan hat, wunderbar!
Herrlich, wo man immer eine Kerze auf die
Badewanne stellen durfte (alle lachen), wo sie
nachher gemeckert haben.
E.: Auf alle Fälle hatte ich mit der

Frauenbewegung nichts am Hut. Ich bin zwar auf Fêten gegangen, auf Veranstaltungen und so, S. zuliebe eigentlich, mit der ich den Kontakt schon noch irgendwie halten wollte hab mir alles angehört...... und hab gedacht: Mensch, die machen Sachen, die ich sowieso schon immer gelebt hab, was natürlich auch nicht stimmte...Es ist natürlich nicht wahr aber ich fühlte mich prinzipiell überlegen gegenüber diesen etwas älteren Frauen... hab überlegt: Soviel Scheiße wie die sich haben bieten lassen, hab ich mir mein Lebtag nicht bieten lassen von Männern, ich hab gedacht, na, sollen die sich da abgeifern, ist nicht mein Bier.

A.: Dann war die Frauenbewegung für dich nicht so etwas, was dir etwas versprochen hätte wie: Freiheit ....

E.: Ich war ja so eingebildet, dass ich dachte: Ich bin das schon. Ich wurde schon seit dem ersten Semester als Flintenweib tituliert, ich hab eher gedacht: ohjeohjee! Verstehste! Ich fühlte mich eh schon als so wahnsinnig starke Frau, ich müsste mich eher ein bisschen zügeln, wenn ich das jetzt noch weiter übertreibe, kann ich irgendwann mal am Daumen lutschen... weil ich einfach als zu emanzen zickig, also jedenfalls so angesehen wurde.

A.: Also war Frauenbewegung für dich nichts

Positives?

E.: Nein. Die anderen haben sich da ja aus
gejammert über ihre Männer....... und
grundsätzlich war ich schon wohlwollend, aber es
ging ja um die Frauen, die ich kannte. Was ich
versucht hab zu schildern ist meine damalige
Überheblichkeit, die glaub ich, damit zu tun
hatte, dass ich einfach jünger war, so wie das sich
heute auch wiederholt, unsere Töchter sagen: Das
hab ich überhaupt nicht nötig, oder so, das war in
Ansätzen auch bei mir schon so. Aber ich bin nie
aufgetreten gegen die Frauenbewegung. Nee.

T.: Aber eine Geschichte bei den ganzen Frauen,
die du jetzt genannt hast, finde ich nicht ganz
unwichtig, dass wir für die Frauenbewegung
ganz untypisch gewesen sind. Wir waren nie in
einer Selbsterfahrungsgruppe weder ich noch S.,
noch F., F. vielleicht aus ganz andern Gründen,
also diesen ganzen ideologischen
Aufbereitungskram haben wir nie mitgemacht.
Wir haben auch eigentlich eher sozusagen, wie
bei der Kollontai, gesucht, wir sind wie die
Schnüffel, wie heißt es,
Wünschelrutengängerinnen durch die Geschichte
gegangen. Das war bei S. ganz stark, das war
auch bei mir ganz stark, dass du versucht hast, in
der Geschichte Frauen zu entdecken, die
irgendetwas auf die Beine gestellt haben. Ich weiß

noch, dass wir diesen Bäckerinnenaufstand, während der französischen Revolution so toll fanden, meine Güte! Das war uns dann auch wichtig, dass man das raus brachte, und dieser Selbsterfahrungskram, der hat bei uns höchstens in der Nacht 'ne Rolle gespielt, wenn wir besoffen waren und wir uns die Hucke voll gequasselt haben.

E.: Da gab's auch noch was dazwischen, z. B. diese Aktionen, -und die hab ich verfolgt und die fand ich auch ganz wichtig- dass Fragebögen an die Frauenärztinnen und Ärzte verteilt wurden, dass frau ihre Gynäkologin oder Gynäkologen danach ausgesucht hat.

T.: Dann die Prozesse. Vergewaltigungsprozesse...da sind wir immer mit hingegangen.

E.: Dann noch ein Buch von dieser Verena Stefan: Häutungen.

Ich hab die Sachen dann schon auch gelesen. Ich fand das Buch aber saublöde. Diese Sprachsensibilität. Die hat das ja das erste Mal thematisiert: Wie kann eine Frau so über Sexualität reden, dass es nicht im gynäkologischen Fachjargon ist, andererseits irgendwie ganz ordinär und sexistisch. Ich finde ja gut, die Frage zu stellen..

T.: ...mit dieser Kornfelderromantik! Diese zwei

118

Frauen, in weicher Bleistiftzeichnung, die Hand in Hand über ein Kornfeld gehen, das ist auf dem Cover drauf gewesen. Mannomann, da war ich so sauer! Unmöglich!

E.: Eine Erinnerung, die ich daran hab, aus dem Roman, ist, wie die Frau darüber klagt, wie sie mit wippendem Busen, oder, sexistisch gesprochen, Titten, unter ihrem T-shirt ohne BH, die Straße lang geht und Bauarbeiter pfeifen vom Gerüst, und da hab ich gesagt: Ja - und was ist jetzt das Problem? Sollen die einfach die Schnauze halten? - und da hab ich gedacht: Mensch, wenn ich nicht will, dass die das sehen oder dass sie nachpfeifen, dann muss ich erstens einen BH anziehen, dass es nicht so wackelt oder sonst was machen, aber vielleicht gäb's ja auch noch ein ganz bisschen die Möglichkeit, die Bauarbeiter sind ja nicht alle ganz schweinisch und doof, die rufen ja manchmal auch witzige Sachen, sich vielleicht auch irgendwie anders damit auseinandersetzen, aber – tief verletzt in ihrer Weiblichkeit - klagt sie jetzt darüber, dass die Männer sie begehren und ihrem Begehren Ausdruck geben, indem sie anerkennend pfeifen. Wir wissen ja alle, dass das nicht immer wirklich schön ist und meistens nicht freundlich gemeint ist aber wie sie darüber rummenkelt so "ich arme kleine Pflanze, wird jetzt von solchen Übergriffen

119

praktisch vergewaltigt, auch wenn's nur Pfeifen ist, das ist mir so auf den Senkel gegangen, da hab ich gedacht: Nee, das will ich nicht!

P.: In dieser Richtung kam der Film: "Die drei Marias". Das war erst diese feine Dame und dann so eine Mittelschichts - Geschichte - und dann die Proletenfrau. Und die Proletenfrau hat dem Alten ordentlich bescheid gesagt. Das Modell, sozusagen, dass man aus der Geschichte was lernen kann, das war in dem Film ganz gut aufgehoben. Das fand ich einen sehr wichtigen Film. Vorbilder, Modelle..

T.: Ja, aber auch lebendige Personen sozusagen wiederzuentdecken, das war auch der Punkt, das Leben, das, indem der Aktendeckel zugemacht worden ist, irgendwie auch weggenommen ist, das war auch ein wichtiger Motor.

P.: Das war ja auch die Intention von dem Film. Die Geschichte schreibt über die großen Leute usw, aber was ist faktisch los?

T.: Ich erinnere noch z.B. bei dieser Bäckerinnen – Geschichte, das war in den "Schwarzen Protokollen" veröffentlicht worden. Ich hab das gelesen und was mich so beeindruckt hatte, war, dass das zum Teil auch in direkter Rede gesagt wurde, wo ich dann hinterher gedacht habe, das kann doch gar nicht möglich sein. Wer hat denn das mitgeschrieben oder wie ist das kolportiert

worden? Aber, dass es hätte möglich sein können, das war doll. Oder die Geschichte, ich weiß nicht, eine Bremer Professorin, Geisteswissenschaftlerin oder sonst wie die die "Theorie des Lachens" geschrieben hat und die hat ihr Buch im Jos F. vorgestellt, darüber konnten wir ja stundenlang reden, dass das Lachen der Frauen, weil es verstummt ist, nicht mehr hörbar war und wie du das Lachen wiederentdecken kannst, welche Funktion das Lachen für Frauen haben konnte und in dem Kontext die Geschichte von Auguste Schelling, die dabei gewesen ist, als Schiller das erste Mal "die Glocke" auf Schwäbisch vorgelesen hat vor erlesenen Gästen, und die Frauen alle vor Lachen vom Stuhl gekippt sind, als die Stelle mit der züchtigen Hausfrau kam. Das fanden die einfach total witzig. Das beschrieb die Auguste ihrer Mutter, und dieses Lachen, das wir ja leider nie gehört haben, das aber sehr wichtig gewesen wäre, dass dieses malträtierende Gedicht, die Pest, sozusagen, dass das nicht mehr vom Lachen begleitet wurde sondern uns vorenthalten wurde. Und uns wurde das Gedicht als Disziplinierungsmaßnahme vorgehalten.
P.: Ich hab dann ganz spät, 1984, in der Zeitschrift Athenäum einen Artikel gelesen. Die haben sich dann darüber lustig gemacht, die haben sich kaputtgelacht und Persiflagen auf die Glocke

gemacht.

T.: Ja. Genau. Aber das waren so Sachen, wo wir uns mit beschäftigt haben, wo wir Stunden darüber geredet haben. Oder auch S. dann, als sie diese Geschichten mit der Volkshochschule hatte, also das weiß ich noch, da kriegte ich ein Verbot von S., einmal nachts, ganz aufgeregt, mich mit irgendwelchen Frauenbewegungsgeschichten zu beschäftigen, das wäre ihr Terrain, und wenn ich das mitmachen würde, dann würde sie gleich wieder in Konkurrenz und irgendwelche Geschichten rein laufen und ich musste ihr versprechen, dass ich nicht geh, das war hart errungen, ich fand das happig. Aber es war so.

P.: Wie war das denn mit Konkurrenzgeschichten überhaupt im Schwabentor?

T.: Gewaltig.

P.: Vielleicht war es nur ein Eindruck von mir, dass da heiße stories liefen irgendwie.

E.: Ja auch so Anfeindungen von G.. Ich will ihr nichts unterstellen, aber sie hat noch nach den klassischen Frauenstrategien operiert: Verführung....

P.: Gut kochen

E.: Nein, nicht gut kochen, sondern sich herrichten, gut aussehen.

T.: Brust aus der Bluse springen lassen. Wird ich nie vergessen:

Gesamtschulkonferenz. G. hatte karierte Hemden an, diese indischen Madrasblusen an. Die hat sie hier in der Mitte zugenäht und den Knopf direkt zwischen dem Busen hat sie immer offengelassen. Dann musste sie sich aber sehr vorsichtig bewegen, weil, je nachdem wie sie sich bewegte, sprang einfach die Brust aus der Bluse raus. Und bei einer Konferenz hat sie sich furchtbar geärgert, das muss so irgendwie 75 gewesen sein, fing dann an, körperlich zu agieren, und auf einmal.... (großes Gelächter)

A.: P., wie kommst du auf Konkurrenz, hast du da etwas wahrgenommen?

P.: Das war ein Gefühl. In den Unterhaltungen, so, wenn man mit dem einen redete. dann ging's über den anderen und so. Ich muss dazu sagen, dass ich ja kein integriertes Mitglied war, ich wurde sehr geschont, ich kam ja von außen, sehr von außen.

E.: Mir fällt da noch was ein, was diese Zweiteilung, diese Männer - Frauen Teilung etwas relativierte, da war ja auch noch O., ne.. und O. war präsent nicht als Kopf - Mann, sondern als Körper - Mann. Das weiß ich noch.

T.: Als Sportler

E.: Ja, ganz eindeutig.

P.: Etwas verachtet.

T.: Ja

A.: Von wem?

P.: Ich glaube, von Männern und Frauen.

T.: Ja, ich glaube auch.

A.: P., wie hast du die Frauen wahrgenommen?

P.: Ich glaube, für mich gab es zwei Extreme: S. und M..

S. sehr stark und selbstbewusst,

E.: ...aber auch immer sich schutzlos gebend..

P.: Alles tun, was man will, was man kann, soweit treiben, wie man das überhaupt nur treiben kann und dann schutzlos da stehn und sagen, ja, das war vielleicht ein Fehler und dann unter den Folgen leiden oder so irgendwie..., während M. so'n Typ war, der sich immer schützte nach allen Seiten, also aufpasste, dass da nichts abglitt in irgendeine falsche Richtung, dass immer was Richtiges zu essen da war und so.., so abgeschirmt, wie in einer Nuss drinsitzend, während S. alle Schalen abgeworfen hat nach meiner Wahrnehmung und schutzlos war. Das fand ich prima, das war, was ich für mich, meine Person, wunderbar fand.

E.: Da kann ich auch noch was zu G. sagen, was mir aufgefallen ist. Die hat ja schon immer künstlerische Ambitionen gehabt aber damals haben die Leute das ja erst mal alles weggepackt. Die hat damals schon ihre Collagen gemacht, so nach Max Ernst, und wie sie Anstoß erregt hat, weil sie einmal aus einem wirklichen Buch eine Seite herausgerissen hat, und die Männer haben sich aufgeregt, das war ein Sakrileg! Sie hat das frech vertreten und hat den Männern richtig eins auf den Sack gegeben auf 'ne ganz andere Art und Weise, das war gut und mutig. Das hat mir gut gefallen.

T.: Stimmt.

E.: Was die Frauenbewegung angeht, das war aber sehr viel später, war ein Einstieg für mich diese feministische Stadtrundfahrt, die erste, die habt ihr wirklich toll gemacht, Barbara Zimmermann, S. usw., daraus ist ja später dieses Projekt entstanden , welches in T.s Verlag raus gekommen ist: Margaretha Jedefrau, da haben die dann diese ABM - Stellen gekriegt. Diese Zeit war von der Stimmung her wieder so, dass es mir wunderbar gefallen hat. So was hätte ich ja auch gerne mitgemacht, wenn ich die Zeit gehabt hätte.

P.: Also als "Frauenbewegungs" - Frauen hab ich die Frauen in der Schwabentorstraße nie wahrgenommen. Vielleicht ist das meine eigene Blödheit...

T.: Ich glaube, da ist schon auch was dran, weil wir in meiner Erinnerung auch starke Prügel bezogen haben von den Frauen, eben weil wir uns unterschieden haben und weil wir immer eine relativ starke Position gehabt haben.

P.: Nee, das kam für mich auch später, das als etwas wahrzunehmen, dass so eine Power Struktur hatte.

....

E.: ....die Wahl deines Promotionsthemas hing also auch ganz eng mit 'nem Mann zusammen, in einem Gebiet, auf dem er wohl eine Koriphäe war, das hab ich so abgespeichert, dass da so eine Abhängigkeit bestand, hast du ja auch nicht weiter verfolgt, war das in der Schwabentorzeit?

T.: Ja, ich hab da ganz schön dran geackert. Nicht weiter verfolgt, kann man eigentlich nicht sagen. Ich hab eigentlich mit Karl Valentin das gemacht, hätte Hans P. Hermann gesagt: " Schreib ein Buch!",
hätte ich das auch fertiggemacht. Ich hab so viel gesammelt und auch so viel raus gefunden, dass es sich wirklich richtig gelohnt hätte. Ich hab den einzigen Intellektuellen, mit dem Karl Valentin regelmäßig Kontakt gehabt hat, kontinuierlich über Jahrzehnte, Alexander Mette, ein Psychoanalytiker aus Berlin, besucht und hab viele Sachen über die Träume von Karl Valentin gehört, weil dieser Analytiker die auch gesammelt hat, Parodien, die Karl Valentin auf den Expressionismus, also Lyrik, gemacht hat..

P.: Ja?

T.: Ja, hab ich auch überhaupt nicht gewusst. Viele spannende Geschichten, aber ich hab das ja auch im Kontext mit der Oper gemacht, also Abhängigkeit stimmt da nicht ganz. Das Libretto, was für den "Verhexten Notenständer " gemacht wurde, das hab ich einfach geschrieben. D.h. ich hab es überhaupt nicht einfach geschrieben , es war verdammt haarig. Ich hab viele solche Sachen für A. gemacht, ich hab für die Oper "Theiresias" das Libretto geschrieben. Ich hab es zum Teil auch gemacht, weil ich von der Fremdheit angezogen war, bei Karl Valentin übrigens. Warum soll ausgerechnet ich aus Kiel über Karl Valentin promovieren, das ist eigentlich ein Witz. Das hat schon mit dem Versuch einer Annäherung an die Fremdheit zu tun.

E.: Du musst dich ja nicht rechtfertigen,

T.: Das tue ich auch nicht.

E.: Ich hab das einfach so abgespeichert. Also, die Lippe, die A. in dem Kreis riskiert hat, war ja auch schon ganz schön mutig, ich glaube, er hat von euch ganz schön auf die Mütze gekriegt, war so mein Eindruck. Dass er nicht ganz unumstritten war...

T.: Von S. hat er immer kräftig einen auf die Schnauze gekriegt. Von mir übrigens auch hin und wieder. Aber er hat von den Männern nie eins auf die Schnauze gekriegt. Es hat immer die

Männer gegeben, die hinterher gesagt haben: "So'n Arschloch, Patriarch usw., aber weder H. noch R., noch C., U., noch K, noch Kl, niemand, noch W. M., noch......haben etwas gesagt. P. Sch. war der einzige, der mit A. Tacheles geredet hat. Ja, aber die haben sich umeinander gekümmert. Die hatten was davon. Alle anderen haben immer geredet und geredet und geredet, aber immer, wenn er weg war. Nee, das finde ich nicht in Ordnung.

E.: Es spielte für mich dann eine Rolle, die Diskussion um die diversen Doktorarbeiten, die da ja anstanden. H. hat versucht zu promovieren, T. hat, R. hat, und dann all die Themen. Dann auch die Seminare, in die man gegangen ist. Mit H. war man z.B. in diesem Filmseminar.

T.: Worüber hat H. eigentlich promoviert, ich hab das total vergessen.

E.: Über Kant. Dann war ich zusammen in einem Seminar bei Dyck. Dyck hatte wirklich relativ wenig Ahnung, und wir haben diese Sachen gelesen, auch da zusammengearbeitet. Ich hab die Berichte gehört, weil ich ja selber nicht promoviert hab. Aus den diversen Doktoranden Kolloquien, wo es schon so eine Struktur gab, welche Rolle man spielte in dieser Hierarchie der Schlaumeier, bei Hermann. Und du warst, glaub ich, die einzige Frau darin, wenn mich nicht alles täuscht.

T.: Das hat mich echt auch geschafft. Hermann und ich, das war die Katastrophe. Er als Doktorvater, das war für mich echt schlimm. Einerseits hat er genau, psychisch, bestimmte Geschichten widergespiegelt, die mein Vater auch hatte, also z.B. nicht zu sagen, du hast was gut gemacht, mein Vater hat immer wehmütig gelächelt, wenn ich irgendetwas gut gemacht habe.

E.: Da sind wir ja mittendrin: Der Vater und der Doktorvater...

T.: Ja genau, es spielte 'ne Rolle und ich hab dann irgendwie gesagt: "Ich kapituliere. Ich mach das nicht mehr. Das ist mir einfach zu blöd."

P.: Bist du denn in deinen Doktorvater sozusagen verliebt gewesen?

T.: Nee. Ich war irritiert, dass dieser Doktorvater, der angeblich so links war, der ein Brechtspezialist war, und der gelogen hat, dass sich die Balken gebogen haben, der solche Verhaltensweisen drauf hatte, so wenn ich von meinem Vater etwas Scheußliches sagen wollte, sagen würde, dass er faschistische Verhaltensweisen drauf hatte. Ein Korsett.

H. -P. hat alles gelesen, was ich geschrieben habe. Er hat nicht einmal etwas zur Sache gesagt. Er hat mich zweimal korrigiert in Bezug auf irgendeine

Formulierung, und das hat mich so geschockt. Du musst auch verstehen, ich hab versucht, Produktionsästhetik zu machen und der Ansatz ist bei Valentin gar nicht falsch, nur, dann hab ich mitgekriegt - ich hatte so etwa 80 oder 90 Seiten geschrieben - : Wo ist eigentlich der Humor geblieben, der bleibt total auf der Strecke. Schrecklich! Da hab ich das Lachen vermisst. Ich bin zu Hans-P. gegangen und hab gesagt: "So. Wie ist das mit dem Lachen?" Da hat er geschwiegen (lacht), wie mein Vater auch immer geschwiegen hat.

Als ich ihm sagen wollte, dass ich nicht mehr promovieren will, hat er in dem Zimmer, das C. hatte, neben der Küche, das kleine Zimmer, hab ich über ihm gesessen - ich hab das echt inszeniert. Ich fand das total wichtig, dass ich höher sitze als er. Tja, so war das.

E.: Und in der Zeit war übrigens ringsherum : Frauenbewegung - die Unibezüge - was kulturell lief wie Kino - aber auch Hausbesetzerzeit. Mit vielen Sachen hatte ich einfach auch nicht so viel zu tun, glaube ich, weil wir auch immer zusammen gewesen sind, also nicht von einer Beziehung in die nächste geflippt sind. Das hab ich zwar wahrgenommen, dass es das gab, hab auch davon gehört, aber hab es nicht mitgemacht. Und ich weiß auch nicht, welche Beziehung das

Schwabentor dazu gehabt hat.

T.: Also S. und ich sind oft in die Faulerstraße gegangen

E.: Stimmt. In der Faulerstraße waren wir auch.

T.: Alter Schlachthof. Als es besetzt war. Da haben wir auch oft gefeiert. Wo diese eine schreckliche Geschichte passiert ist mit dem Engländer, der was von S. wollte und S. war so betrunken, dass er ihr Haare ausgerissen hat. Das war ganz furchtbar.

E.: In die Zeit fiel auch die Gründung des Buchladens Jos F..

P.: Das hat ja mit der Faulerstraße was zu tun, die erste Jos F. - Frau war ja S. und das war ja die Faulerstraßen - Frau. Das hatte sehr viel damit zu tun. Die flog praktisch raus irgendwann..

T.: wahnsinnig.. Die Sitzung, erinnerst du dich noch?

P.: Ich weiß es. Ja.

T.: Oh mannomann!

P.: Finster! Finster!... und damit war sozusagen ein Kapitel abgeschlossen. Nach meiner Wahrnehmung.

A.: Welches Kapitel?

P.:

Na ja, das Kapitel von alternativen, etwas flippigen Sachen, anarchisch, irgendwie. Finster! Der hieß ja nicht immer Jos F...

E.: Der hieß immer Jos F..

T.: Aspirin

P.: Ja, Buchladen Aspirin. Ja und mit der Namensgebung war sozusagen das Konzept faktisch vertreten.

A.: Wann ist der Buchladen gegründet worden?

P.: Da ging Libro libre kaputt, im Zusammenhang mit KBWichtig.

Der KBW hatte den kaputt gemacht, die hatten den Buchladen übernommen, alle Bücher rausgeschmissen und nur noch Marx, Engels, Lenin, Stalin, so irgendwie vertreten, (lacht) Damit war dann der Laden weg, irgendwie.

T.: Da war gerade 25igjähriges Jubiläum. Das war 75

Das war auch nicht so, wie es in der Dokumentation stand, sondern S. und ich haben die Karteiadressen geklaut vom Libro libre. Die sollten verscheuert werden an den DKP - Buchladen. S. und ich haben die Karteikästen in einen Mehlsack rein getan, den S. Hatte, die hatte ja merkwürdige Sachen zum Teil auch und haben das ins Schwabentor gebracht. Das waren wir beide.

E.: P. und ich haben den Siebdruck gemacht für das Plakat zur Eröffnung. Straßenplan, wie man dahin fährt..

P.: Damit man weiß, wo das ist.

T.: Das war doch auch im Film.

P.: Ja. Genau. Jussuf und P. Schleuning haben den gemacht.

T.: Der war klasse! Mit dem Schlauchboot durch den Buchladen.

....Pause

A.: Ja. Was wollten wir?

T.: Ich glaube, frei sein, Fehler machen dürfen, können, die auch sehen. Aber dafür nicht bestraft werden und irgendwie 'ne Form von Entgrenzung auch.

P.: Mir lag die ganze Zeit auf der Zunge: so eine Art Unordnung aufrecht zu erhalten, obwohl sich das widerspricht. Dass man spinnen kann, oder sich überhaupt mal bewegen.

T.: Unordnung aufrecht erhalten. Das ist es.

P.: Also ich war ja zu der Zeit Hochschullehrer, war ja auch mein Hauptbestreben, irgendwie, so viel Unordnung in die Köpfe reinbringen, dass sie dann anfangen zu produzieren, Wörter zu produzieren und Phantasien.. z.B. wenn man ein Seminar beginnt, solange zu schweigen, bis irgendwer..

A.: es nicht mehr aushält

P.: es nicht mehr aushält und pöbelt: "Was ist das hier? Was soll das?"

A.: Wie bist du auf Unordnung gekommen?

P.: Das fand ich das Tollste in der Zeit. Gegen

diese Ordnungsbegriffe eben und Ordentlichkeit und Pünktlichkeit. Solche Sachen, die einen bedrücken und festlegen. Und es war ja eine Zeit, wo man auch mit sich selbst gespielt hat.

T.: Ja, weil man auch so neugierig war, auf ständiger Entdeckungsreise. Deswegen fand ich auch das Bild mit dem Schlauchboot durch den Buchladen so gut. Wir waren von der Theorie begeistert. Das fand ich so spannend! Aber wir wollten auch das Gegenteil davon. Auch. Das Leben.

P.: Also diese Theorie Sachen hab ich eigentlich nie so richtig verstanden, muss ich sagen.

T.: Es gab so ein paar Spezies, die mir so richtig unter die Haut gegangen sind, Tretjakow z.B. und Benjamin, den hab ich eigenständig verstanden, den brauchte mir keiner zu erklären. Eigentlich fand ich, Theorie geht nicht unter die Haut, sondern hat einen Schutzfilm. (lacht) Als ich "Die Einbahnstraße" gelesen hab, war das für mich eine Riesenentdeckung. Also auch, was die linken Theorien uns lieferten, über Sprache zu erzählen, 'ne Wohnung schildern und du weißt, es ist 'ne Kolonialwohnung, ohne dass du das Wort überhaupt zu benutzen brauchst, das fand ich immer total spannend.

P.: Stimmt. Es gab sozusagen zwei Sorten von Theorien. Die einen waren sozusagen lockerer,

lockerer gestrickt, unordentlicher, so wie Benjamins Theorien, wo du auch nicht so genau weißt, ja, was soll das? Andererseits gab es die unglaublich sorgfältig gestickte, zwei rechts, zwei links von KBWichtig und das war im Marxismus genauso.

E.: Also wie R. und im Gefolge dann auch H. über die Frankfurter Schule geredet haben, das war für mich immer ein Buch mit sieben Siegeln. Dieses Gequatsche da. Ogottogott.

T.: Nee. Ich hab's auch nicht verstanden. Aber was ich schon verstanden hab, ist, warum die Grundrisse eigentlich stärker politisieren als das Kapital. Für das Kapital brauch ich einen Menschen wie Orlich, der mir die Struktur des Kapitals erklärt, den Aufbau und den philosophischen Hintergrund, warum das achte Kapitel unbedingt die Akkumulation sein muss, nicht das neunte und nicht das siebente, das werde ich bis heute nicht begreifen. Ich war vollkommen fassungslos, als er das gesagt hat. Bei den Grundrissen, ich finde, die kann man lesen, und die kann man auch verstehen. Das ist was anderes und das ist auch hoch theoretisch. Eine andere Art, die Theorie zu vermitteln.

P.: Ja, die Theorie vermitteln, da waren wir ja alle irgendwie stark drin, also die ersten Germanistik Seminare (lacht) waren ja sowieso immer nur

Kapitalkurse.

T.: Ja, ich weiß.

P.: Nicht nur, aber in großen Stücken.

A.: Was hat euch die Theorie gegeben?

E.: ..alles zu erklären. Psychoanalyse war der Schlüssel zum Verständnis der Gesellschaft, in der man lebt.

P.: ..und von einem selbst.

T.: Von einem selbst, ja. Es war ein Bindeglied.

P.: Das Zentrum..

T.: ...war man selbst. Ja. Klar.

P.: Ja, das war Freud. Das war das erste Mal, dass ich damals Freud gelesen habe. Ich hab alles gelesen, die Bände einfach durch. Damals hat man auch diese Raubdrucke gekauft. Also einfach Freud lesen und gucken, mein Gott, in der Zeit hab ich, als ich Freud gelesen habe, hab ich geträumt wie der Blöde, unheimlich viel geträumt, mit Erinnerungen an den Traum,

E.: (schnippisch) von S., was?

P.: So was!

T.: ...von Sylvia (lacht)

E.: Ich hab mir immer die Namen an den Rand geschrieben, bei den Fällen.. von Leuten, wo ich dachte, da ist das genauso...

P.: Das fand ich ganz toll! Das war so produktiv, diese Sorte von Theorien! Ich fand Marxismus - in gewissen Grenzen - schon etwas eingegrenzter, irgendwie. Also so produktiv, auch in der Rezeption, dass man was verstehen konnte, auch was damit machen konnte..

T.: Aber auch, dass man entdecken konnte, dass man in die UB gehen, Bücher entdecken konnte, die eigentlich nicht mehr zugänglich sein sollten. Jedes Jahrzehnt war sozusagen eine neue Entdeckung!

E.: Über diese ganzen Raubdrucke, ne?

P.: Ja, Reich, Freud..

T.: Massenpsychologie des Faschismus. Das werde ich nie vergessen, wie ich das gelesen habe.

E.: Und dann fällt in diese Zeit die Umstrukturierung von den Studentengruppen zu den sogenannten K - Gruppen.

T.: Was ich nie vergessen werde, war, ich weiß nicht, warst du da, als diese Klausurtagung gemacht wurde, ...in der alten Uni, wo man entscheiden sollte, dass die rote Zelle aufgelöst wird, ob man zum BKA oder zur KPDML übergeht. Das war so furchtbar!!

E.: Da hat mir Dimitri von erzählt....

T.: Da saßen Dimitri und ich Hand in Hand, wie die Kinder, die von der Mutter verlassen werden und irgendwie etwas ganz Furchtbares, eine Ermächtigung, findet statt. Das werde ich nie vergessen. Ich hab geheult wie ein Schlosshund. Am Sonntag sollte die Entscheidung stattfinden, am Samstag fand diese Klausurtagung statt über die rote Zelle Germanistik. Der Lange, erinnerst du dich noch an ihn, ...also es gab viele Gründe, also wenn wir schlau gewesen wären oder witzig gewesen wären, hätten wir diese Klausurtagung verhindert. Aber wir haben die nicht verhindert, auch irgendwie nicht gekonnt, dafür ging uns sozusagen die Phantasie aus. Und dann sind wir in diese Klausurtagung wie ein muss, wie eine Pflichtveranstaltung, jeder musste. Orlich musste, Dimitri musste, ich musste, alle mussten. Der einzige, würde ich heute sagen, der verstanden hat, dass das ganz fürchterlich ist, was da läuft, war der Lange, der hatte sich besoffen. Wir waren total von den Socken. Ich muss zu meiner Ehrenrettung sagen und auch zu Dimitris, dass wir dann zu den Wenigen gehört haben, es waren vielleicht vier, die dafür plädiert haben, dass der Lange drin bleibt, wie er ist. Und der Rest hat gestimmt, dass der rausgeschmissen werden sollte. Er wurde raus getragen....zu viert, also das war furchtbar. Ich hab geheult und geheult und geheult, ich konnte mich nicht fassen.

E.: A, da muss man jetzt wissen, was T. erzählt, war in den Vor - Schwabentorzeiten.

A.: Das macht ja nichts. Ich hab ja gefragt: Was hat euch bewegt? Und das ist ja etwas sehr

Bewegtes.

T.: Ja, ich finde es auch insofern sehr wichtig, weil es den politischen Hintergrund des Schwabentors mit erklärt. Es war niemand k-gruppenmäßig im Schwabentor und die Entscheidung, niemals in eine K-Gruppe reinzugehen, ist für mich auf alle Fälle in dieser Klausurtagung gefallen, das fand ich einfach einen Wahnsinn.

E.: Wenn man das zuordnen wollte, so als sogenannte Fremdbestimmung, waren das sogenannte Spontis, das war dann alles, was da übriggeblieben ist, die weiter links waren, aber die sich nicht so festnageln ließen. Das hat sich dann noch gezeigt in der Schwabentorzeit selber in dem Prozess, wo Olenhusen unser Anwalt war, da gehörte dann ein Teil zum KBWichtig KHG, die studentische Abteilung davon, die haben sich dann einen extra Anwalt aus Heidelberg genommen, der ihnen entsprach, und die ganze Verteidigungs-und Prozessstrategie war auch geteilt. H., R. und ich sind bei Olenhusen geblieben, der ganze Rest, Hansjörg Hager, Friedemann Bleicher die gehörten zur andern Fraktion. Michel Moos.

A.: Wessen ward ihr angeklagt? Kannst du das nochmal sagen?

E.: Hausfriedensbruch, Volksverhetzung, Nötigung und Rädelsführerschaft.

A.: Was hattet ihr gemacht?

E.: Nichts. Wir sind unschuldig. Der Anlass war: Beschluss über den Numerus Clausus bei den Juristen. Es hat eine Vollversammlung gegeben und die Studentenschaft hat das abgelehnt. Dieser Beschluss wurde von den Offiziellen gar nicht richtig zur Kenntnis genommen und dann sind wir sauer geworden. Wir wollten unseren Beschluss persönlich vor diesem Gremium vortragen und das wurde dadurch verhindert, dass sie sich in die Pathologie zurückgezogen haben, um dort zu tagen, also da wo die Leichen liegen. Davon haben wir Wind bekommen und sind eben dorthin, sind von der Uni aus dorthin gezogen und sind um das Gebäude flaniert. Wir haben dafür gesorgt, dass die Profs, wenn die eingelassen worden wären, wären wir mitgegangen, und deshalb blieb das Gebäude zu. Sie konnten sich also nicht beraten.

P.: ..vielleicht doch, aber du bist ganz früh in der Immentalstraße aufgebrochen und dann hat sich das so ergeben, dass irgendeine Institutsangestellte, die von nichts wusste, die Tür aufgemacht hat und dann konnten wir die Öffentlichkeit herstellen. Darum zu gehen war der versuchte Hausfriedensbruch, darein zu gehen durch ne offene Tür, die eine Angestellte aufgemacht hatte, war direkt als

Hausfriedensbruch, wenn jemand was gerufen hatte durch Megaphon , war das Volksverhetzung und die Rädelsführerschaft war offensichtlich, dass es da offensichtlich Anführer gab. Es war witzig in dem Prozess, da haben dann auch die KBWichtig - Leute ganz nett argumentiert. Was denn ein Rädel ist und ein Rädelsführer. Ich hab gesagt, ich hätte mich noch nie führen lassen.

 Aber es war insofern schon von Bedeutung, der Prozess hat sich ja lange Jahre hingezogen, einmal durch alle Instanzen und auch ich galt zunächst mal als vorbestraft, als ich mich für den Schuldienst beworben hab. Ich musste diese Geschichte angeben.

P.: Da können wir nur der Generalamnestie danken, die dann kam.

E.: Nein, nein, es war so, es gab keine Generalamnestie, dann haben wir erst herausgekriegt, dass die Staatsanwaltschaft zurückgezogen hat. Wir sind erst verknackt worden, dann sind wir freigesprochen worden, dann ist gegen den Freispruch Revision eingelegt worden von der Staatsanwaltschaft und damit ist der Freispruch nicht rechtskräftig. Der ist dann zurückgezogen worden und wir galten als vorbestraft. Und ich weiß noch, ich hab in der Zeit bei Intermetall gearbeitet, hab mich immer entschuldigt bei Gericht, es wurde auch immer

langweiliger, sie fragten dann: Was machen Sie denn jetzt?" und ich antwortete: "Ich arbeite jetzt bei Intermetall, ich muss ja meine Strafe verdienen." Da haben die immer ganz blöd geguckt "und außerdem ist es ja nen büschen langweilig geworden!"
(Gelächter allerseits).
Das waren die Straftatbestände, das hatte für mich einen ganz stark politisierenden Effekt.

P.: Von dem Geld hat E. sich dann ein Uher Report gekauft.

T.: Das weiß ich auch noch. Mein Verhältnis zu H. kann ich sozusagen daran ziemlich gut darstellen, dass ich total ausgeklinkt hab, dass H. mit dabei war. Bei R. weiß ich das. Und du auch. Sowieso.

E.: Bei H. saß ich auf den Schultern und hab gegen die Scheiben geklopft.

T.: Alles, was illegal war, hab ich H. nicht zugetraut.

E.: Für den entscheidenden Zeitpunkt hatten wir ein ganz tolles Alibi. Wir sind nämlich zu K. H. gegangen, um uns aufzuwärmen. Im Prozess hießen wir immer "die Teetrinker" deshalb, ganz höhnisch "die Teetrinker". Wir haben das so datiert, dass es in den Zeitpunkt der strafbaren Handlungen fiel. Wir waren wirklich in der Gießenstraße zu K. und A. zum Tee trinken, und ich hab mir den Arsch ab gefroren.

P.: Nach dieser ersten Phase, da drohte euch irgendeine Art von Verhaftung, und da habt ihr euch dem entzogen, da war da der Lindenhof hier, da wohnte irgendwer.

T.: Da wohnte der rote H.

E.: der sich inzwischen umgebracht hat. Nach so einem Prozess haben wir ne Demo gemacht. ....da haben wir uns versteckt, ja.

(im Tonfall des Werbefernsehens, mit glücklichen Glucksern):

"Und jetzt wohnen wir seit 18 Jahren glücklich in Schallstadt, auf völlig legaler Grundlage, im Eigenheim."

Große Heiterkeit bricht aus.

T.: Was die Doktorarbeiten angeht, ist es natürlich so, dass wir im Schwabentor durchaus darüber gesprochen haben. Als man mitkriegte, dass ich aufhöre zu schreiben, wurde ne Sitzung einberufen, wo darüber gesprochen wurde, ob sie etwas unternehmen können, wie sie mir 'ne Hilfestellung liefern können. Da hab ich gesagt, die Hilfestellung kann nur die sein, dass wir mal mit Hermann reden, weil der mich total blockiert, so geht das irgendwie nicht. Ich war das eine schwarze Schaf und das andere schwarze Schaf war C.. Bei diesem Treffen, erinnere ich mich, ging es darum, wie man eine mobilisierende Maßnahme ergreifen kann, dass wir weiter schreiben.

E.: Was man noch wissen sollte, darf ich das eben einschieben, sonst vergess ich das, war damals vieldiskutiert dieser Aufsatz, den ich nach wie vor für sehr wichtig halte: "Der Bluff" , über diese akademische Sprache, über Bluff verhalten, dass man mit Wissen, mit vorgegebenen Wissen bluffen kann. Das war an der Uni so, auch besonders bei den Linken. Da war das Schwabentor, kann man sagen, voll auch drauf abgefahren, die haben genau das mitproduziert, diese Ängste. Gescheitert ist F., der hat unheimlich geforscht, auch originelle Ideen, anschauliche Themen mit seiner Kinderliteratur,

T.:   F. hat's zumindest auch nicht zuende gemacht, also es waren so ein paar Leute, die dann hinterher übriggeblieben sind. Wir haben alle unter diesem Anspruch gelitten, selber aber diese Knute geschwungen. I. und ich wurden immer so gehandelt als die Frauen, die es endlich mal packen könnten, genau so schlau wie die Männer zu werden. I. hat das ja auch zu ihrem Lebensziel erklärt. Ich wusste schon, ich bin dafür doch nicht so richtig gestrickt aber ich fand es schmeichelhaft, dafür gehalten zu werden. Die haben auch richtig Erziehungsarbeit geleistet, war auch nett, haben auch was beigebracht, ich hab auch was gelernt. Wobei das uns natürlich auch genauso gegangen ist. Auch Hans-P. hat mich sehr geködert, als er gesagt hat: "Du bist die erste Frau, die bei mir promoviert und du musst aber wissen, dass du doppelt so viel leisten musst wie die Männer"

P.: Die Linken mussten sowieso auch doppelt so viel leisten und die Frauen dann viermal so viel.

T.: Ich hätte ihn erwürgen können. Auf der Stelle. Wirklich.

P.: In der Beziehung ist Johannes Merkel von Bedeutung, weil der ja das geschafft hat, irgendwie, und auf eine sehr lockere Art und Weise. Sehr ruhig.

E.: Das geht jetzt übers Schwabentor hinaus, ich hatte natürlich Mentoren, das war zum Beispiel, Hannes, schon vom ersten Semester ab, weil der Tutor bei P. war, und ich hab ja auch zuerst in einer ganz anderen Wohngemeinschaft gelebt, die legendäre Fischerau, die ich gegründet hab, ne ganz wilde; da wurde gekifft, da wurde getanzt, da spielten andere Sachen auch eine Rolle, da wurde Musik gehört, wirklich, wirklich, und gearbeitet bis zum Abwinken, I. hab ich da noch rein geholt, aber wir waren ungefähr alle gleich jung. Wir hatten nicht so alte Typen, jedenfalls nicht in der Wohngemeinschaft, die uns gesagt haben, wo's lang geht, die sind eher zu Besuch gekommen, haben das bestaunt, also E. gehörte dazu, N. B., der war Referendar bei O.

T.: ..der Bruder von S., der einmal seinen Schwanz aus der Hose zog und den auf die Tastatur knallte und sagte: "Jetzt will ich wissen, welches ist die ideologische Funktion von diesem Ton ?" (prustet vor Lachen), bei S. im Zimmer, da haben wir aber geguckt!

P.: S.!

T. : Ja

E.: N. fand ich nett, der hat uns im ersten Semester angeleitet, der hat sich hingesetzt, da lief übrigens auch ein Tonband, und gesagt: Jetzt erzähle ich euch mal alles, was ich weiß, über Bildungsökonomie. Wir hatten nämlich gesagt: "Wie wissen überhaupt nicht, was das ist und wir sollen eine Institutsgruppe gründen, dazu waren wir abgestellt von den Alten, nachdem das mit dem ganzen SDS und so sich aufgelöst hatte und dann hat der uns sozusagen Nachhilfe gegeben. Das fand ich ganz toll. Da hab ich viel gelernt. Also ganz vernünftig, muss man schon sagen. Eben für mich so eine Auflösungsphase. Mir wurde das zu viel in der Fischerau, da schlief, wer da wolltE. irgendwo noch das sichere Zimmer im Hintergrund, aber da bin ich geflohen in die absolute Zweisamkeit, bis dann die Reiterstaße gegründet wurde, wo ihr dann ja nachher gelandet seid, nachdem ich da ausgezogen bin, weil das mit E. Schluss war, ungefähr dieser Kreislauf, und immer an verschiedenen Etappen hab ich dann I. wieder aufgetan. Also wir haben im gleichen Semester angefangen. .... Das ist die Geschichte.

Aber .... gekifft wurde nach meiner Ansicht im Schwabentor überhaupt nicht, ist das richtig? Ich kann mich nicht erinnern, dass ihr gekifft habt. Die Droge war Alkohol und der Anspruch war, dass man intellektuell ist und arbeitet und durchblickt, Musik, die gehört wurde, kann ich nicht mehr genau sagen, in der Fischerau war die Musik auf jeden Fall besser.

T.: Ja das kann ja sein, aber die Musik hat, hat, glaub ich, ne unglaublich existentielle Rolle gespielt, zumindest für S. und mich.

Alles, was politisch passiert war, wurde in den beiden oberen Räumen, bei S. und mir, in Musik umgesetzt. Die ganze Klassik rauf und runter.

E.: Das war übrigens auch die Zeit der roten Note.

T.: Das war später. Die rote Note war 75/76

E.: Musik, T., du hast das mal studiert. Ich rede auf einer ganz anderen Ebene davon. Ich rede von Musik, die gerade aktuell gemacht wurde und die ein bestimmtes Lebensgefühl verkörpert hat.

T.: Die haben wir ja auch gehabt. Meine GütE. wenn ich überlege, aus welchen Gründen wir lauter Opernarien rauf und runter gehört haben,

147

um S.s Theorie der Wahnsinnsarie von Lucia di Lammermoor nachvollziehen zu können. Da müsste ich einen Rundgang machen nicht nur durch die Opernarien, sondern auch durch die Art politischer Gebrauchsmusik. Wie S. und ich in den Film "1900" von Bertolucci gegangen sind, nur um die Musik abzuhören.

P.: Der Film "1900" ist aber sehr viel später, ..

T.: Ja, nur um zu erzählen, welche Funktion die Musik gehabt hat, dass man rein musste, um den Film nicht nur zu sehen, sondern um die Musik in Noten aufzuschreiben und sie der roten Note zu geben, weil diese Musik sozusagen den existentiellen Ausdruck unserer Verzweiflung oder unserer Kampfeslust oder sonst etwas war.

P.: Mir fällt noch etwas anderes ein, was jetzt noch gar nicht erwähnt worden ist als eine Art von Parallelgeschichte dazu. Ich bin 68 nach Freiburg gekommen, und dann gab es schon bald Tutorenstellen, die man besetzen konnte, dann hatte ich Tutoren irgendwie, und das waren von Anfang an eigentlich solche Leute wie E. und Johannes Merkel, Rüdiger Steinlein..

T.: Als ihr das Schiller - Buch gemacht habt.

P.. Genau.

E.: Das Räuberbuch,

P.: ..so, aus Seminaren. Wir haben einfach nur die Protokolle zusammengefasst, irgendwie.

E.: Na, ein bisschen mehr.

P.: Ja, aber trotzdem, das war die Basis. Das war für mich, z.B., sehr ..., wie soll ich sagen, also das war im Zusammenhang von täglichen Seminaren, extra Treffen noch, sich zu besprechen, sich auszutauschen und letzten Ende der Plan, das alles zusammenzufassen - die Idee kam von Johannes Merkel durch den roten Stern - Verlag - ein Buch daraus zu machen..

A.: Hat dich das begeistert?

P.: Das hat mich sehr begeistert. Das fand ich ganz toll.

T.: Das.war ja auch toll.

P.. Das war ganz enorm. Das war also eine Parallelgeschichte, die für mich sehr wichtig war. Ein bisschen hat sich das überlappt mit E. und Rüdiger Steinlein, die ja in der Schwabentorstraße wohnten..

T.: E. nicht, Rüdiger auch nicht mehr. Das war alles, auch durch die Geschichte mit I., die Beziehung mit R. wurde ja auch ganz kompliziert, wegen des Verhältnisses, was I. mit ihm gehabt hatte.

A.: Da wurde dann manches durchkreuzt, irgendwie.

P.: ... wie man auch sehen kann, dass die erotischen Geschichten unmittelbar mit den existentiellen und intellektuellen Geschichten verwoben waren, das ist ganz eigenartig..

T.: Eine Geschichte fand ich dazu sehr witzig und echt treffend: Wir sind uns ja jeden Tag nackt über den Weg gelaufen. Wir haben uns gesehen, während der eine zur Dusche ging und aus der Dusche wieder raus usw, aber wir sind einmal an den Baggersee gefahren, ein einziges Mal mit der Wohngruppe. Und als wir zurückkamen, von Niederrimsingen, will sagen, wir haben alle nackt gebadet. Als wir zurückkamen, das sagte R., bevor wir reingingen:"Jetzt wollen wir alle mal vergessen, dass wir uns gesehen haben." (Alle lachen)

A.: Meinte er das ernst?

T.: Ich weiß nicht, es war von ihm nicht als Witz gemeint, ernst gemeint auch nicht, es war schon, irgendwie, für sich witzig, wir haben auch alle furchtbar gelacht, aber wir haben alle gewusst, dass es einen Sinn macht, wenn wir alle wie die Blöden lachen.

E.: Ich hab keinen Schwabentorler jemals völlig nackt gesehen. G. später, als wir zusammen in der Bertholdstraße wohnten.

T.: Aber du hast uns doch in der Badewanne gesehen.

E.: Aber da war Schaum.

A.: War es denn nicht so, dass sich bei uns eher so ein geschwisterliches Verhältnis eingependelt hat,

150

sozusagen sexuelle Tabus?

P.: Es war nicht das Modell von Kommune 1 oder 2, das war nicht das Modell gewesen.

T.: ..wobei C. hat mir mal irgendwann seine große Liebe gestanden, das war auch total dramatisch, und, na, die Geschichte mit G. und U. war auch nicht so ganz einfach,

P.: Es gab dann so Fehltritte...

A.: Da kam dann ja auch die Strafsanktion. Da versammelte sich die ganze Wohngruppe und hat dann beurteilt und zur Sau gemacht.

T.: Bei allen Flippigkeiten waren wir verdammt Über-ich orientiert. Schon scheußlich. Fast peinlich.

A.: Der innere Staatsanwalt, fällt euch dazu was ein? Was hat dich dazu gebracht, die sogenannte "Unordnung" zu fördern, P.. Oder wie war das mit der Unordnung, als die K- Gruppen kamen?

P.: Die waren ja in unseren Augen nicht mehr links, das war die totale Sturheit, Dogmatismus. Es war gräßlich, man konnte überhaupt mit niemandem reden. Die DKPler, die waren einfach blöd.

T.: Die waren nur doof. Unter unserem Niveau. Die KBWler haben uns ja auch wehgetan. Dimitri und ich sind nicht mehr gegrüßt worden. Verstehst du? Die Uni war unsere Heimat, da, wo alles gelaufen ist. Immer, wenn wir in die Uni hineingingen, haben wir im Fahrstuhl gesagt: "Jetzt zeigen wir es ihnen. Jetzt sagen wir ihnen endlich die Meinung. Dann sind wir reingegangen und saßen beide vollkommen verdruckst rum, irgendwie geschockt. Und ich muss sagen, wie haben wir euch immer noch genannt, den rosa Verein, da.

Ich muss ja ehrlich zugeben, mit der Ausnahme von dir hatte ich ja vor niemanden in der KLV (kombinierte Lehrveranstaltungen) Respekt,

P.: (lacht) vor mir hattest du Respekt?

T.: vor dir hatte ich Respekt, bei den anderen hab ich immer das Gefühl gehabt, man müsste denen Nachhilfeunterricht geben (lacht), so was Ähnliches. In dieser Geschichte der Auseinandersetzung mit dem KBW, war Herrmann, soweit ich das mitgekriegt hab, Rüdiger Scholz, Dyck, alle drei haben davon gewusst, aber total ausgeblendet. Es durfte nicht thematisiert werden. Dieser Anschluss an die K-Gruppen. Wir waren ja auf zwei Ebenen verloren: die eine Ebene war die, dass wir den Gesellschaftskontext verloren haben, der zweite war, dass die die Veranstaltungen z.Teil beherrscht haben und das wir da von niemandem Schutz kriegten, wenn wir das Maul aufgemacht haben, dann war das total daneben. Aber es war nicht daneben.

P.: Das stimmt nicht, also ich zumindest hab mich sehr gewehrt.

Z.B. gab es vor dem Institut diesen Flur, da gab's heiße Auseinandersetzungen irgendwie, heiße Stories   mit diesen Typen..

T.: Hat Hans-P. auch gemacht, aber er hat keine Stellung bezogen, er hat es laufen lassen. Z.B. haben Dimitri und ich eine Veranstaltung von Hans-P. mit Absicht und mit Hass gekippt, im Audimax, da haben wir gesagt: Und jetzt sprengen wir dir eine Veranstaltung, das machen wir. Über Brecht. Da haben wir uns echt kundig gemacht, gearbeitet und gearbeitet (lacht), alle Sachen rausgekriegt, bei wem Brecht seine Hemden in Zürich hat schneidern lassen, was mit den Geldern gelaufen ist und solche Sachen..und dann hat Hermann voll rotem Pathos alle Heldentaten von Brecht sozusagen.im Audimax ...es war ganz voll.. dann haben wir gesagt, "als er nach Zürich gefahren ist und seine Hemden hat maß schneidern lassen und über diesen Devisenweg seine Gelder gezahlt wurden, "   das haben wir sieben oder achtmal hintereinander gemacht, da hat Hans-P. gesagt: " wenn ihr jetzt weiter reinredet, dann hör ich auf". Dann haben wir gesagt: "Dann musst du wohl aufhören!" und dann hat es aufgehört. Das war eine kleine Sprengung. Wirklich. Aus Rache.

P.: Hans-P. Herrmann war ja damals gewissermaßen exponiert. Das war der einzige, der habilitiert war, und sozusagen schon in diesen Prof-bereich rein ragte und sehr viel gewagt hat. Er war sehr mutig. Er hat aufgehört zu publizieren, um diese ganzen Sachen zu machen.

T.: Das glaube ich nicht.

E.: Mir hat er erzählt, dass er Schreibschwierigkeiten hatte.

T.: Ja. Das merkt man auch an der Art, wie er schreibt.

E.: Gut, aber er hat trotzdem was gewagt.

T.: Ja. Hat er.

P.: Das war der einzige, ununterbrochen, der auf dieser Ebene...

Da gab's noch den Schramm irgendwie, der da so irgendwie rum flippte. Dann gab's diesen Musiktyp, Eggebrecht

T.: ..flippte auch. Der war so basisdemokratisch.

P.: Der wurde von seinen Kollegen ja so in die Pfanne gehaun, dass er ganz verrückt wurde. Der wurde ja richtig krank davon.

Insofern war Hans- P. ein ganz wichtiger Typ.

T.: Er war wahnsinnig wichtig, das ist vollkommen klar. Mit dieser Technik, irgendwas möglich zu machen, wobei man einen Teil von Kompromiss irgendwie machen muss, war ich nicht auf der Ebene und ich brauchte keine

Kompromisse zu machen. Und ich hab mich so direkt geschlagen.

E.: Die K-Gruppen bedeuteten ja eigentlich das Rausgehen aus der Universität, das war erst mal die Hauptsache. Die haben dann Stützpunkte an der Uni gebildet. Die wollten ja in die Fabriken und haben da ihre roten Zellen gegründet.

A.: Ihr habt gesagt, dass waren keine Linken. Was waren denn für euch Linke?

T.: Sacco und Vanzetti. (P. lacht)

P.: Das hatte was Anarchistisches. Was Freieres, also was gelesen wurde, war Benjamin, war Karl Korsch,

T.: Karl Korsch war wahnsinnig wichtig. Ja.

P.: Die gesammelten Werke von Karl Korsch haben wir da stehn. Dann Rosa Luxemburg. Die frühen Schriften von Marx.

T.: Die Liebesbriefe von Rosa Luxemburg.

P.: Nicht die späten Schriften von Marx, das Kapital und so, sondern die frühen Schriften.

T.: Die frühen Schriften. Genau..... Aber wie ist das denn entstanden, das wüsste ich wirklich gern. Wie ist das gekommen, dass meinetwegen du, du oder du und ich oder ein paar andere

P.: ja, gute Frage, dass man nicht so mit geschwommen ist in irgendeiner Gruppierung.

E.: Och, ich war schon stark gefährdet. Ich wollte immer irgendwie recht haben und das waren solche Rechthaber,

T.: ich wollte auch gerne recht haben, aber es war nicht so gravierend, dass es mich in die Gefahr gebracht hätte, zum KBW zu gehen.

P.: Jetzt könnte man sozusagen wieder partiell zum Schwabentor kommen. Das war doch auch so eine doktrinäre Geschichte, aber gleichzeitig hatte das Schwabentor mit Lebensfreude zu tun. Das Stück, was ich gekannt hab, von H. und S., und die Fêten hatte was mit Lebensfreude zu tun, mit gut essen, mal einen Rotkohl klauen auf'm Acker und dann kochen. Genau dieses Praktische daran hatte einen bewegt, in diese Richtung zu gehen. Denk ich mir.

Ich wüsste nicht woher sonst...Das muss nicht unbedingt Schwabentor gewesen sein, das war auch die eigene Befreiung, es war die sexuelle Lust oder so....

E.: Bei mir kann ich sagen, ich hab da gearbeitet über ..., es liefen da so Seminare über proletarische Literatur und ich hab meine Staatsarbeit darüber geschrieben, war auch ein bisschen eine Abrechnung mit diesem dogmatischen Scheiß, es gab da so einen Bund proletarisch-revolutionärer Schriftsteller, da hat man diese ganze frühe Geschichte so mitgekriegt, was das bedeutet, dieser Dogmatismus, da hab ich kritisch drüber geschrieben,

P.: ....wo Brecht als Dekadenter galt..

T.: Aber es war doch auch so, als Michael Rohrwasser geschrieben hat beim roten Stern:

E.: "Saubere Mädel, starke Genossen "

T.: ..schon vom Titel her hab ich gedacht: (haut auf den Tisch) Genau! Das ist es! Woran liegt das, dass man das so versteht? Es geht mir heute noch so, selbst bei sämtlichen Divergenzen, die ich mit K. hab, oder K. mit mir, also, weiß ich ja nicht, egal, eigentlich, trotzdem, in bestimmten Situationen, glaub ich, in denen ich mich befinde, würde ich vielleicht zu euch kommen, vielleicht auch bei K. anrufen, vielleicht nicht der Zeitpunkt, aber würde gern mal was besprechen, es gibt bestimmte Leute, bei denen ich sagen würde: wenn etwas wichtig wäre oder mir schwerfällt oder wo ich auch 'ne Art Zuflucht bräuchte, würde ich da hingehen, aber warum?

P.: Ja, das hängt mit so Bildern oder Körperbildern oder Begegnungen und Erfahrungen zusammen. Ich weiß noch, es gab einen Typ, dessen Namen ich vergessen habe, der auch was mit KBWichtig zu tun hatte. Immer wenn man im Audimax eine Rede gehalten hatte, hin ging und wieder zurück, da haben wir immer gedacht, der geht mit völlig verklemmten Eiern, so völlig..(lacht)

Weißt du noch, wer das war? Der war nur die

reine Einschränkung seiner selbst und das ist ja ein schreckliches Bild. Aber, das, was eigentlich Freiheit heißt, was ja schließlich von Marx angekündigt ist, das muss irgendwie anders aussehen.

E.: Ganz wichtig war unsere Beschäftigung mit Spanien, mit dem Bürgerkrieg, mit den Anarchisten

P.: Durruti

T.: und Carrero Blanco

P.: (lacht) jaja, klar. Das Buch, was Enzensberger herausgegeben hat.

T.: Das fand ich übrigens eine verlegerische Tat, das als Raubdruck herauszubringen..

E.: Nochmal zu den Wohngemeinschaften, die Milchstraße, sollte man mal eruieren, in welche Zeit die fiel, die war gewissermaßen ein Gegenbild, ich will jetzt nicht mal sagen, zum Schwabentor, es gab ja noch etliche andere Wohngemeinschaften. Da wohnten halt die ganzen KHGler: H -J H, W E. H., ..

T.: H......H. hat mich vor kurzem angerufen, da war ich schon sauer..echt! Als ich den Namen gehört hab, war ich schon auf 180, ich hab ihm jede Schandtat zugetraut, das war wirklich furchtbar! Das war wirklich ein echtes Schwein!

P.: Apropos, da erzählt M R immer einen Witz, als die nämlich baden gingen, sagte jemand zu H eben: "Man weiß es nicht, ist er Obelix, oder das Schwein, was er frisst? (Gekicher)

P.: Klatschgeschichten!

A.: E. du hattest eben etwas angefangen, könntest du das ein bisschen mehr beschreiben, was das Wg mäßig ausgemacht hat, in der Milchstraße?

E.: Als wir zusammen angeklagt war, war ich dann auch mal da,

.. von ihnen wurde erzählt, dass wenn sie mal zusammen wegfuhren, dass sie alle in Italien mit ihren Liegestühlen lagen und "ein Schritt vor, zwei zurück" oder sonst was gelesen haben". Lies mal nach, unter anderm bei K, ich kenn die Wohngemeinschaft nicht aus eigenem Erleben, ich war halt nur mal drin,

T.: in der Milchstraße?

E.: in der Milchstraße, es hat da diesen einen Todesfall gegeben, von dem manche behaupten, es sein ein Selbstmord gewesen, diese eine Frau, die da umgekommen ist, da hat mir T.H. diese Version erzählt, die hat K. gedeutet, das kannst du nachlesen in seinem Aufsatz "Aspirin", das ist eine Abrechnung mit diesem Oberfuzzi vom KBWichtig.

P.: Ja, die Frau hat gesagt: "Ich hau ab", die anderen haben gesagt:

"Tschüs" und so . Später hing sie in ihrem Zimmer. Es stank schon.

T.. Das war furchtbar. Genau. Das war schrecklich. Ein Ausdruck von Lieblosigkeit erster Güte.

E.: Ich sag mal, ich kenne inzwischen eine andere Version von T. H., die waren alle davon ausgegangen, dass sie nach Stuttgart gefahren ist, wo sie Referendarin war und hatten keine Veranlassung, in ihr Zimmer zu gucken, insofern stimmt das wohl nicht so ganz, aber auf jeden Fall war das die wichtigste dogmatische Wohngruppe Freiburgs.

T.: ....Hab ich überhaupt nicht gekannt. Hab ich auch, glaub ich, ausgeblendet. War für mich irrelevant.

E.: C oder so hieß die eine, die hat mit mir versucht, Referendarin zu werden und ist aufgrund der Überprüfung, also Berufsverbot - sie hat aber schon an den Veranstaltungen teilgenommen - sollte dann rausgeschmissen werden, und dann hab ich diesen Seminarleiter gefragt, ob er denn überhaupt das Hausrecht habe - ich war ja gewitzt durch meinen Prozess, das kann nur jemand jemand anderen rausschmeißen, wenn er das Hausrecht hat und so - und die waren alle verschärft dogmatisch. Die sind später natürlich alle wieder anders geworden.

A.: Könnte man bei denen sagen, was man so

durfte, nicht durfte und sollte?

P.: Was man durfte, war auf jeden Fall nur das, was auf Beschluss war, das durfte man.

T.: Aber wir waren doch auch eigentlich ein bisschen arrogant.

P.: Natürlich!

T.: Wir waren richtig arrogant. Wir fanden bestimmte Auseinandersetzungen unter aller Sau, und z.B., dass ich diese Milchstraßen-Wohngruppe nicht kanntE. hatte auch mit Arroganz zu tun. Das waren Leute, mit denen ich überhaupt nichts zu tun haben wollte.

P.: Das ist doch nicht arrogant. Man muss doch nicht alle Leute kennen.

T.: lieben.

P.: ..oder lieben, ja. ..oder in deren Wohnung gehen. Kennengelernt hat man sie ja alle. H., und die Wildsau..

T.: H. , du meine Güte.

P.: Das waren ja Typen! Grässlich!

A.: Was waren das für Typen?

P.: Ich kenne sie nur von öffentlichen Auftritten. Eingeschränkte Leute. Doktrinäre Meinungen. Recht haben mussten.

E.: Das, was früher die Stalinisten waren, wo es nur mit Ausschlüssen ging.

A.: Also autoritäre Strukturen..

P.: Autoritär von vorne bis hinten.

A.: Nix gelernt sozusagen aus der Vergangenheit, aus der Vergangenheit ihrer Eltern.

P.: Ihre Eltern waren oft aus der linken Bewegung. Z.B. die ganze Lenin-Frage: Was ist da gelaufen? 21, Neue Ökonomische Politik.

E.: Die haben alles nach diesem einen Muster abgehandelt, auch die eigene Geschichte, sogar unseren Prozess, den wir ja 'ne Zeitlang gemeinsam vorbereitet hatten, die Verteidigung, da wurde dazu Lenin gelesen von denen, weißte?

P.: Was in der historischen Forschung sozusagen war, war ja auch die Beurteilung der russischen Revolution. Wie schätzt man das ein? Das war ein wichtiger Punkt. Unsere, also die Meinung von den Leuten, die ich kannte und schätzte, war immer die, dass der Anfang mit der sowjetischen Geschichte, mit den Räten, toll war, und die Abschaffung der Räte und die Einführung der neuen ökonomischen Politik, irgendwie, das war der Tod der Revolution.

T.: Ja

P.: Und das ist unter Lenin passiert. Er hat es eingeleitet. Damit war das zu ende. Und wir haben immer diesen Zug kritisiert in allem, was dann kam, auch auf dem Gebiet von Literatur. Diese ganzen Literaturkonvente, die es dann gab,

E.: Jaja, jetzt, wo du das sagst, fällt es mir ein. Das, was ganz häufig diskutiert wurde, auch im

162

Schwabentor, sonst wo, war das Verhältnis von Avantgarde und Massen, und Avantgarde war für manche dann eben die Partei, ne? Und dann die vertrottelten Massen hinter sich bringen, wie macht man das?

T.: Ja, aber für uns war das nicht die Partei, sondern Tretjakow, Eisenstein,

P.: die Leute, die was machen wollten.

T.: Das werde ich doch nie vergessen, wie ich die Filme von Eisenstein gesehen hab, die gehen mir ja heute noch unter die Haut.

P.: Obwohl ich den ja auch sehr kritisierenswert finde.

T.: Ja, klar. Aber es ist auch so wie mit der Kollontai. Der rote Stern bringt die Kollontai heraus. "Drei Erzählungen", S. hat geweint, ich hab nicht geweint aber ich war genauso beeindruckt, wir fanden die total toll, sie war eine Funktionärin und irgendwann war sie eine Funktionärin, die Anarchisten in den Tod getrieben hat, die in Stockholm ein Konsulatsbüro gehabt hat, Emigranten, die rausgingen nach Russland, kriegten einen (haut auf den Tisch, lautes Geklirr,) Stempel, sozusagen wie Flüchtlingspolitik, heute, und es war vollkommen klar, was ihnen in Russland geschah, sie sterben, alle. So, also 'ne richtige Leninistin geworden, aber

P.: die Texte waren was anderes.

T.: Ja, die Texte waren was anderes. Ja, und um zu verstehen, hast du Jahre gebraucht, aber um das sagen zu können, ist das in Ordnung.

P.: Ah ja?

T.: ..finde ich, so...

E.: Und ein anderer Gegensatz war, also nicht ein anderer, der da eingebettet gehört, war, also wir haben ja überhaupt noch nicht einmal den Begriff Revolution genannt, die Vorstellung, dass doch mal alles ganz anders werden könnte und, war nun klar, die sind nun alle keine Arbeiter. Irgendwie war man doch auch auf der Seite der Entrechteten, wie stellt sich das Verhältnis dar zwischen Intellektuellen und Arbeiterschaft? Dazu hat der Krahl auch was geschrieben, über die Rolle der Intelligenz.

P.: Krahl war wichtig.

E.: Hans-Jürgen Krahl.

T.: Schwarze Bände, ja. Also ich hab um jedes Wort gekämpft.

E.: Der ist dann mit dem Auto verunglückt.

P.: Ja, der vertrat eben diese Position von freier anarchistischer Revolution, nicht dieses leninistische Konzept.

E.: Also dass man offen bleibt für Erfahrungen, dass man sich nicht abdichtet, wie das die Struktur von diesen KBWichtig - Leuten war, dass

sie nur auf der Schablone dieser ganzen blöden Parteigeschichte immer weiter agieren, sie waren einfach nicht offen, sie waren verhärtet, also so eine Art von Theoriebildung hat der einfach abgelehnt. Wenn du so willst, 'ne vernünftige Art von wirklich kritischer Theorie. Damals hat man noch nicht so geredet wie heute, Ideologie lastig, sondern den Ideologiebegriff ganz anders benutzt in dem Marxschen Sinne. Heute bedeutet der Begriff eigentlich nur soviel wie Weltanschauung. Im Marxschen Sinne so vom falschen Bewusstsein. Dass eine Klasse, um zu herrschen, dass rechtfertigen muss, indem sie ihre eigenen Interessen für die Interessen der Allgemeinheit ausgibt und das war ja nun gerade der Grundansatz für uns, das zu knacken. Diese Anwaltsposition, die die Linken hatten, Anwalt in dem Sinne, man wollte ja eigentlich immer noch für andere mitsprechen und die auch noch erlösen. Da hat man gedacht, also ich sag mal für mich, erstens, irgendwann ging mir das auf den Wecker, ich wollte erst die Gefangenen befreien, ich hab im Gefängnis gearbeitet, dann hab ich Flugblätter vor Betrieben verteilt, dann hab ich gedacht, wenn diese Kacker nicht wollen, was soll ich die erlösen?
Und an diese Art von Revolution hab ich dann irgendwann auch nicht mehr geglaubt.

P.: Also der Gipfel des Hohns war, als man irgendwann mitkriegte, dass in der DDR, in der Sowjetunion, der Marxismus hieß: die Ideologie der Arbeiterklasse.

A.: Er hieß so?

P.: Er wurde so genannt. Da haben wir gedacht: Das habt ihr echt nicht geschnallt! (Alle lachen) Die Ideologie der Arbeiterklasse! Das fand ich echt geil! So hat es sich auch raus gestellt. Nichts weiter als das. Ein ideologisches Produkt.

E.: Wir haben im Schwabentor gesessen und uns kaputtgelacht, wir haben uns kaputtgelacht, haben diese ganzen DDR - Lieder gehört, höher - weiter - und wir bauten am Rostocker Hafen.

P.: Länger - weiter- höher- und dazu sagte S.: (mit Gefühl) "Tiefer!"

E.: Wir haben uns schlapp gelacht über diese Lieder und wir kannten sie dann auch auswendig. Wir haben Freunde, die kommen aus der DDR, und die waren schon vor der Wende herübergekommen, die diese Lieder auch alle noch kannten.

T.: Und wie war das für sie?

P.: Für die war das schrecklich.

T.: Ich kenne auch ganz andere. Für die ist das wunderbar.

P.: Die wurden überwacht und so'n Scheiß. Unheimliches Zeug.

E.: Trotzdem hatten wir mit denen auch noch Debatten, wo wir immer noch was versucht haben, die DDR zu retten. Aber das ist noch 'ne ganz andere Geschichte.

A.: Ja, jetzt habt ihr auch noch über ganz andere Sachen geredet als übers Schwabentor, aber das finde ich auch gut, es ist halt auch ein Stück Zeitgeschichte, diese Erinnerungen.

E.: Wir waren natürlich(gedehnt) ..der Nabel der Welt...

T.: Was ich noch gesagt haben wollte, ist, dass wir im Schwabentor grenzüberschreitende Sachen gemacht haben, wir haben geklaut, und so weiter, trotzdem waren wir Andersdenkenden gegenüber nicht immer besonders freundlich, und wir hatten ein sehr starkes Überich. Wenn ich etwas übers Schwabentor schreiben würde, dann einen Kriminalroman. Und dann würde ich das Überich zum Staatsanwalt erklären, so etwa.

A.: Also trotz allem hatten wir moralische Vorstellungen, sozusagen.

T.: Moral hatten wir natürlich. Wir haben viele Sachen gemacht, wobei ich interessant finde, die Sachen, die man nicht ausspricht. Wenn wir das hinkriegen könnten, dass wir diese Sachen aussprechen könnten, fände ich das gut.

P.: T., ich finde, diese politischen Geschichten und diese Dinger mit Klauen und so irgendwie, das ist sozusagen so eine Blase, aber das zählt gar nicht so richtig. Ich finde, die wirklichen Überschreitungen sind ganz woanders passiert. Und das hat man ja am tatsächlichen Funktionieren von diesen Gruppen so in Freiburg beobachten können, z. B. wer stellt sich wem und wie sieht das in der Schwabentorstraße aus, wer unter duckert einen, wer nicht und so irgendwie. Das sind die eigentlichen Geschichten von Illegalität im Jungschen Sinne.

T.: Mit wem besprichst du das? Erzählst du es irgendwann einmal deiner Tochter als eine kleine Anekdote oder was? Oder erzählst du das nicht? Ist es ein Wissen, was weitervermittelt werden sollte?

P.: Ja, ja, klar.

T.: ..finde ich auch. Ich glaube, dass in den Schwabentorzeiten S. und ich nicht sehr weit von dem entfernt waren, was man die RAF nennt.

P.: Wie wir ja alle.

T.: Darüber zu sprechen, finde ich wirklich wichtig.

E.: Das war auch absolutes Thema. Ich war ja mit I. und P. auf der Beerdigung von Holger Meins, das wussten ein paar Leute, die in meinem Referendar - Kurs waren, die haben mir dann so einen Zettel rüber geschoben, dass einige von uns nicht eingestellt worden sind. I. hat sich unheimlich dafür engagiert, dass da Plakate gedruckt worden sind mit einem Bild von Holger Meins und daran erinnert, dass er Kameramann war usw.

P.: Dann erinnere ich z.B. einen Film von Straub im Vorspann eine Widmung hatte: "An Holger Meins". Der Film durfte nicht gezeigt werden.

E.: Der wurde vorm deutschen Seminar dann mal gezeigt.

Da haben wir dann in so einem Sinn drüber geredet, irgendwie diese Radikalität bewundert und ich erinnere mich auch an so Debatten, wenn da gleichzeitig Polizisten und andere Leute hochgingen, da hat man so akademische Diskurse darüber gehalten, wie man das nun finden soll, ob es richtig ist oder nicht. Und da gab's dann den Standpunkt: "Ja, wenn einer bei so einem Arschloch wie dem und dem, wenn er den schützt, dann geht er halt mit drauf. Und dieser Artikel mit der klammheimlichen Freude ..... wurde heftig diskutiert.

T.: Ja. Genau. Mescalero.

E.: Da waren, glaub ich, ganz viele Leute an der Kippe.

T.: Nur, ich glaub, es geht nicht darum, ob man an der Kippe stand, sondern darum, was vermittelst du davon an diE. die dir wichtig sind. Ich hab mich nicht damit beschäftigt, was ich Lara von meinem Leben erzähle.

A.: Das finde ich eine tolle Frage, was wollen wir unseren Kindern vermitteln von unserer Vergangenheit?

T.: Ich würde mir immer wünschen, mein Leben ohne Lügen erzählen zu können. Das finde ich wirklich wichtig, denn ich halte von der Lüge - nix.

A.. Was verstehst du jetzt unter Lüge?

T.: Geschichtsklitterung und all diese Geschichten.

E.: Ich würde denen das erzählen, was sie mich fragen und wenn ich finde, sie haben mich genug gefragt, dann kann ich ihnen vielleicht irgendwann noch mal was erzählen, aber dann muss ich doch auch klarmachen, dass es dafür auch einen Zeitpunkt gibt und dass das für die vielleicht gar nicht von solcher Bedeutung ist.

T.: Klar. L. hat jetzt, als sie nach England gefahren ist, gesagt: "Mama, ich weiß einige Sachen von dir überhaupt nicht, und da hab ich gesagt: Hör mal, du musst mir einfach überlassen, wann und wie ich darüber sprechen will"

A.: Also, ich denke von mir aus hätte ich schon immer gern von meinen Eltern gewusst, was sie so bewegt hätte. Allerdings später, nicht in der Jugend.

E.: Wir haben gerade das, was mein Vater

aufgeschrieben hat, getippt, gedruckt, das geht jetzt demnächst an die Familie raus, die Kinder haben das meinem Vater vorgelesen und es spricht Bände. was da eben nicht drinsteht. Er hat das auf unsere Veranlassung geschrieben, auf P.s und meine, weil wir mit ihm immer darüber geredet haben. Es geht um Kindheit, Jugend, da haben wir auch richtig nachgefragt.

A.: Steht da auch drin, was er gefühlt hat oder so?

P.: Nein, nur Fakten.

A.: Mich hätte auch interessiert von meinen Eltern, was sie für Träume gehabt haben, was sie für Niederlagen gehabt haben, was sie gefühlt haben in bestimmten Zusammenhängen .Meine Geschwister und ich haben fiel darüber geredet und gerätselt und uns geärgert, dass sie uns nichts vom "wirklichen Leben" vermittelt haben. Die Generation unserer Kinder findet ja teilweise auch die ehemaligen 68er total bescheuert, dass sie immer so revolutionär gewesen sein sollen und alles besser gemacht haben sollen usw. Die wollen vielleicht auch mal wissen, dass wir auch Scheiße gebaut haben und Blödsinn getrieben haben und auch vielleicht kindisch waren .

E.: Aber ich finde auch, sie können ja bei uns von einer größeren Bereitschaft ausgehen, zu reden, als wir bei unseren Eltern, aber sie sollen fragen.

Antworten auf ungestellte Fragen zu geben, finde ich ein Problem.

A.: Mein Vater hat immer gesagt: "Wenn die Kinder was wollen, dann kommen sie schon."

T.: Das stimmt doch gar nicht.

A.: "dann kommen sie schon." Wir sind aber nicht gekommen. Da war schon die Schere im Kopf.

P.: Ja. Ja. Klar. Wir haben auch viel über Sachen geredet, ohne dass die Kinder gefragt haben. Nichts verschweigen, mehr so als Maxime.

….

E.: Und du bist also irgendwie dann nach Hamburg gegangen.

A.: Ich weiß nicht, was mich da so getrieben hat, ich war ja auch verliebt...

T.: A ist durch ihr Zimmer gelatscht, an ihrem letzten Tag, und ihrem vorletzten Tag, ihrem vorvorletzten Tag und hat immer gesagt: Mutt dat denn sien? Muss das denn sein?

A.: Ich hatte irgendwie das Gefühl, ich muss da mal raus, ich muss auch gestehen, die Strukturen im Schwabentor, ich hab mich da ein bisschen, ich kann jetzt nicht sagen, untergebuttert , das würde ja heißen, jemand anderes hätte mich unterdrückt. Ich hab mich da so ein bisschen wie in meinem Geschwisterbereich verhalten, denk ich. Ich war die Kleinste, Jüngste zu Hause und die waren alle so viel älter und größer. Ich hab mich schon so verhalten, dass ich mich nicht so richtig gezeigt habe oder wie auch immer und kam mir auch so ein bisschen eingeengt vor, aber ich war eigentlich dabei, das auch schon zu überwinden, aber dann hab ich plötzlich gedacht: Jetzt musst du einfach noch mal woanders hin, wo keiner dich kennt, und dann machst du es alles anders.

T.: was nicht gestimmt hat.

A.: So hab ich es halt gesehen. Dann bin ich plötzlich nach Hamburg gegangen, kannte da niemand. Das war schon verrückt. Alle haben davon geredet, dass sie nach Bremen gehen wollten, da war ich schon ganz enttäuscht, ...aber gegangen bin ich. Einfach so. Ich weiß nicht, ob es gut war, aber ich bin nicht zurückgekommen.

E.: Seit wann bist du eigentlich schon an der Schule?

A.: Seit 1972

So, ich glaube, jetzt hab ich euch genug ausgewrungen..

E.: ein Fass angestochen..

P.: Ausgewrungen kann man wohl sagen.

E.: Aber was einem einfällt, wenn man anfängt zu reden, nicht?

T.: (versponnen) Ja.